HaffmansTaschenBuch 51

ROBERT GERNHARDT
F. W. BERNSTEIN

# *Hört, hört!*

DAS WimS-VORLESEBUCH

HAFFMANS VERLAG

Ein vollständiger Faksimiledruck
»Welt im Spiegel – WimS 1964–1976«
erschien 1979 bei
Zweitausendeins, Frankfurt a. M.


Das Vorwort von Robert Gernhardt
und die editorische Notiz wurden eigens
für die vorliegende Auswahl geschrieben.
Die Umschlagzeichnung von Robert Gernhardt
sowie die drei Gemeinschaftszeichnungen von ihm
und F. W. Bernstein entstanden ebenfalls
eigens dafür.

*Originalausgabe*
Veröffentlicht als
HaffmansTaschenBuch 51, Herbst 1989
Konzeption und Gestaltung von
Urs Jakob


Satz: Typobauer, Ostfildern
Herstellung: Ebner Ulm
ISBN 3 251 01051 4

1 2 3 4 5 6 – 94 93 92 91 90 89

# Inhalt

# ZUM GELEIT

Eine meiner Lieblingsanekdoten geht so: Der gefürchtete Theaterkritiker wohnt der Premiere eines neuen Bühnenwerkes bei. Kaum hat sich der Vorhang so weit gehoben, daß man etwas von Bühnenbild und Szene erkennen kann, ruft er aus: »Schon faul!« Was diese Geschichte mit diesem Buch zu tun hat? Gar nichts, hoffe ich. Bei den folgenden Informationen freilich sieht die Sache schon besser aus:

Von 1964 bis 1976 erschien im Rahmen der satirischen Zeitschrift ›pardon‹ eine Beilage, die sich »Welt im Spiegel« nannte, die sich »WimS« abkürzte, die »Die unabhängige Zeitschrift für eine sauberere Welt« untertitelt war und die das stolze Motto »Pro bono – contra malum« im Ehrenschild führte. Federführend aber waren all die Jahre über wir drei, F.W. Bernstein, F.K. Waechter und ich, wobei Waechter allerdings derart ausschließlich die spitze Zeichenfeder schwang, daß er auf den folgenden Seiten nicht vertreten ist. Denn dieses Taschenbuch, das vielleicht leichter wiegt als so manches dickleibige Lexikon, versammelt nicht einfach WimS-Beiträge, sondern lediglich WimS-Texte, und nicht einfach Lesetexte, sondern ausschließlich solche, die sich auch zum Vorlesen eignen.

In freiwilligen Selbstversuchen nämlich, in schonungslosen Zweiergruppensitzungen, die weder Wort noch Ohr schonten, haben Bernstein und ich die Vorlesbarkeit sämtlicher WimS-Beiträge aus elf Jahren getestet, haben sodann die Vorlesbaren einer unnachsichtigen Funktionskontrolle unterworfen, haben hier ein Absätzchen gestrichen, dort ein Tütchen Satzzeichen verschwenderisch über die Zeilen verteilt, haben schließlich alle Texte derart zusammengestellt, daß sie nicht mehr kruder Chronologie folgen, sondern in jene Dreiheit sich einfügen, die alles menschliche Tun gliedert, als Morgen, Mittag und Abendprogramm ebenso wie als Politik, Wissenschaft und Kunsthonig oder als Theke, Antitheke und Syntheke.

Eine der Anekdoten, die mir sehr lieb wären, geht so: Der geschätzte Leser öffnet das WimS-Vorlesebuch aufs Geratewohl. Kaum daß er einige Zeilen gelesen hat, murmelt er: »Schon gut!«

Eine WimS-Vorlesebuch-Anekdote, die schneller als gedacht Wirklichkeit werden könnte: Sie, liebe Leserin, lieber Leser haben es in der Hand.

Das jedenfalls meint mit F. W. Bernstein und den herzlichsten Hintergedanken

Robert Gernhardt

# I

„Es ist schon immer so gewesen:
Am letzten Tag wird vorgelesen!"

Schülerweisheit

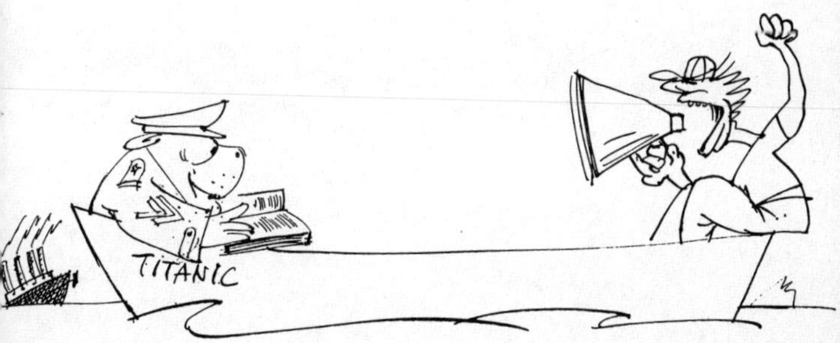

## *Jugend wohin?*

Unserer heranwachsenden Jugend droht ernste Gefahr. Der junge Mensch, der sich ins Leben hineintastet, braucht echte Leitbilder. Aber wo sind die heute? Von Schule und Elternhaus im Stich gelassen, greifen die Jugendlichen nicht selten zur Selbsthilfe. So die 500 Jugendlichen aus Düsseldorf, die sich den 37 Jahre alten, scheeläugigen, fetten Emil Schrampf zum Vorbild nahmen, einen verlotterten Schwarzbrenner von abstoßender Häßlichkeit, der von Fachleuten als das verkommenste Subjekt des Niederrheins bezeichnet wird. Wie er bekennen sich die bedauernswerten Jugendlichen seitdem zu Völlerei, Wollust und Neid, während sie für das Gute, Wahre und Schöne nur höhnisches Gelächter übrighaben.

Und sie sind nur ein Beispiel von vielen. Nach privaten Schätzungen gibt es in der Bundesrepublik etwa 8400 falsche Leitbilder!

Was tut der Staat dagegen? Die Jugendämter sind bemüht, neue positive Leitbilder zu schaffen. Doch mangelnde Kenntnis der jugendlichen Psyche und unangebrachtes Proporzdenken führten zu Maßnahmen, die das Unheil noch vermehrten.

Weil sich die Jugendfürsorger in Wanne-Eickel aus Gründen der parteipolitischen und konfessionellen Neutralität auf keinen lebenden oder toten homo sapiens einigen konnten, wählten sie einen originellen Weg: Ihr Leitbild, ein überlebensgroßer Buntspecht, soll symbolisch die Beständigkeit, die Sparsamkeit und die Liebe zur freien Natur verkörpern. Es wurde mit Recht zum Gespött der Leute.

Im Landerziehungsheim Winnenden zeigte man aus ähnlichen Gründen den Schülern als Vorbild den Steinmarder mit Adlerflügeln und Hornbrille: Flink, klug und sprachenkundig sollten die Adepten werden, aber die meisten waren durchweg einfach überfordert.

Von der Polizei konnte in Meiderich eine geheime Werkstatt ausgehoben werden, wo verbotene Leitbilder hergestellt und an Jugendliche vertrieben wurden. Es waren meist unförmige Klötze aus Holz, Lehm oder Müll von ausgesuchter Scheußlichkeit. Der Hersteller gestand später seine Zugehörigkeit zur Kommunistischen Partei. Er habe die deutsche Jugend zur Verlogenheit, Untreue und zum Bürgerkrieg aufreizen wollen.

Soll das so weitergehen? Wenn Sie uns fragen: Gern.

fwb

## *Gefährliches Alter*

Ein Gespenst geht um in Europa: die Alterskriminalität. Mangelndes Verständnis, fehlende Liebe, falsche Erziehung sind die Ursachen, hinzu kommt die Alterstorheit, welche so manchen Großvater auf die schiefe Bahn bringt.

Erschreckende Fälle finden wir im Jahrbuch des Instituts für senile Kriminologie in Wunsiedel.

Zum Beispiel: Ausgedehnte, einträgliche Fälschertätigkeit betrieb ein Stammtisch in Plochingen. Nachdem es den Alten gelungen war, gefälschte Bierdeckel in den Handel zu bringen, machten sie vor nichts mehr halt. Sie fälschten Klaviernoten, Heirats- und Todesanzeigen sowie etruskische Grabbeigaben und brachten die Bundesliga durch gefälschte Torlinien und Elfmeter an den Rand des Abgrunds.

Mehrere Bevölkerungsteile von Niedersachsen verfielen durch Skatkarten und Kreuzworträtsel, die von jenen Verbrechern hergestellt waren und hinten und vorn nicht stimmten, in Schwermut und Irrsinn. Bei der Fälschung eines gotischen Domes wurden die Alten in flagranti von einem diesmal echten Domprobst ertappt.

Das Institut für kriminelle Senilität in Worms bearbeitete den staatsgefährdenden Fall von mehreren Rentnern aus Köln, die in der Waschküche eines Mietshauses an der Herstellung von taktischen Atomwaffen und Mittelstreckenraketen arbeiteten. Eine Wäscheschleuder hatten sie als Zyklotron ausgebaut. Sie gingen ohne Strahlenschutz ans Werk und begründeten ihre unfaßliche Leichtfertigkeit damit, daß sie als spaltbares Material nur Linoleum und essigsaure Tonerde verwendeten.

Schwerste gesundheitliche Verheerungen richtete ein alter Schwarzbrenner im Landkreis Biberach an, der seine Produkte unter der Hand an Kindergärten und Lehrerseminare lieferte: Tabakschnaps, Beinhäger, Tintenkümmel, Rostwein und Zwiebelgeist, Blutlikör, Krümelschampus und Karbidsekt. Die Folgen waren schrecklich. »Nie hätte – hick – ich das von Opa gedacht«, lallte erschüttert der Enkel des greisen Verbrechers.

Diese Einzelfälle sprechen eine deutliche Sprache. Noch ist es Zeit, durch eine gesetzlich vorgeschriebene Altersgrenze für Verbrechen und Vergehen diesem drohenden Unheil zu begegnen. Noch ... fwb

## *Die Bundespost teilt mit: Es wird alles anders*

Nach dem Straßenverkehr wird nun auch der Schriftverkehr von Grund auf modernisiert. Vor allem wird die Schreibrichtung geändert. Nicht mehr von links nach rechts, sondern von hinten nach vorn – also auf den Leser zu – verläuft die neue Schreibart. Dadurch erfährt er nicht nur viel schneller, was von ihm verlangt wird, auch die Lektüre, ein wesentlicher Nachteil des alten Schriftverkehrs, entfällt.

Eine weitere Änderung betrifft die Handschrift. Und zwar dahingehend, daß jedes zweite Wort durch Stempelzeichen ersetzt wird. Die eingesparten Wörter dürfen ohne Extra-Genehmigung zur Rückantwort verwendet werden. Überhaupt wird der Brief mit beigelegter Rückantwort schon Ende dieses Jahres die Regel sein. Denn davon profitiert 1. der Schreiber, der ohne lästiges Absenden gleich die Antwort zur Hand hat und 2. die Post. Bisher gehörten zu jedem Brief drei Mann Personal: Briefschreiber, Briefträger und Briefleser. Von den Dreien wird nur noch der Schreiber übrig bleiben: die Gesamtzahl der Briefe wird sich also verdreifachen, da nun Briefträger und Briefleser ebenfalls zu Briefschreibern umgeschult werden können. Das dürfte nicht ohne Folgen für den Umsatz der Post bleiben.

Und schließlich sollte noch ein weiterer Vorteil der neuen Regelung hervorgehoben werden: sie bewirkt, daß jeder seine selbstgeschriebenen Briefe auch selbst behalten darf. So mancher Brief ging dem Schreiber doch früher unwiederbringlich verloren. Nun aber braucht keiner mehr zu befürchten, daß seine Briefe in fremde Hände kommen. Soweit die Tatsachen. Wer sich für Einzelheiten interessiert, wird gebeten, am Schalter 17 nachzufragen. fwb

## *Ein ungeheuer offener Brief an den Herrn Bundeskanzler*

Herr Bundeskanzler! Wir möchten Sie auf ein Problem hinweisen, das keinen Aufschub duldet. Sie wissen sicherlich, daß die Bundesrepublik ihre Fremdenverkehrswerbung in den letzten Jahren stark intensiviert hat. Daher unsere Frage:

»Was gedenken Sie dagegen zu tun, daß diese Werbung auch auf China ausgedehnt wird?«

Aber es gebe doch wichtigere Probleme? Es gibt keine. Nehmen wir nur einmal an, daß diese Werbung in China Erfolg hat.

Dort leben, wie Sie wissen, 700 Millionen Chinesen. Diese 700 Millionen werden nun dazu ermuntert, Deutschland zu besuchen, und folgen der Einladung. Was hieße das?

Setzen wir den Fall, daß sie im Auto angereist kommen, je vier Chinesen in einem Auto, das vier Meter lang ist. Was wäre die Folge?

Die Folge wäre eine Autoschlange, deren Länge sich leicht errechnen läßt: pro Chinesen rechnen wir, wie gesagt, einen Meter, bei 700 Millionen Chinesen wäre die Schlange also 700 Millionen Meter lang. Oder 700000 Kilometer. Nun beträgt der Erdumfang aber nur 40000 Kilometer. Und das wiederum heißt, daß die Autoschlange 17mal um die Erde reichen würde. Nun mögen Sie, Herr Bundeskanzler, einwenden, daß diese Zahl reichlich unrealistisch sei.

Zugegeben, Herr Bundeskanzler, zugegeben! Denn unsere Rechnung basiert ja auf der allerdings unrealistischen Voraussetzung, daß die Autos Stoßstange an Stoßstange fahren. Rechnet man einen unerläßlichen Sicherheitsabstand von vier Metern oder mehr hinzu, dann bedeutet das, daß sich die Länge der Schlange mehr als verdoppelt. Sie reicht dann etwa 35mal um die Erde.

Ja, aber... werden Sie nun sagen. Ja, aber die Chinesen wollen ja gar nicht rund um den Erdball, sie wollen nach Deutschland, nicht wahr? Nach Deutschland, das schätzungsweise nur 10000 Kilometer von China entfernt ist. Und was bedeutet das?

Folgendes: Da auf einer Strecke von 40000 Kilometern (also rund um den Erdball) 35 Wagen Seite an Seite fahren würden, fahren auf der viermal so kurzen Strecke China–Deutschland viermal so viele Autos nebeneinander. Um den Ansturm der Touristen zu bewältigen, müßte also eine

140spurige Autobahn von 10000 Kilometern Länge gebaut werden. Haben Sie sich schon einmal klargemacht, Herr Bundeskanzler, was die kosten würde? Und das wären nur die Anreiseprobleme. Denken wir ruhig etwas weiter. Die 700 Millionen Chinesen sind also glücklich in Deutschland angekommen. Was nun? Nach sehr, sehr optimistischen Schätzungen stehen in der BRD etwa 15 Millionen freie Betten zur Verfügung, Luftmatratzen eingeschlossen. Pro Bett kommen also 50 Chinesen.

Nennen Sie das einen haltbaren Zustand? Nein, der ist unhaltbar, nicht wahr?

Nun wollen diese Chinesen in Deutschland aber nicht nur schlafen, das hätten sie auch in China haben können. Was tun sie also? Sie reisen herum, nach Köln, Rothenburg etc. Und womit fahren sie? Nein, nicht mit ihren Autos, der Straßenverkehr wäre wegen der chinesischen Wagen ja längst zusammengebrochen. Sie reisen also mit der Bundesbahn. Und die Folge?

Zur Zeit ist die Bundesbahn etwa nur zur Hälfte ausgelastet – mit all diesen Chinesen wäre sie zehnmal überbelegt, pro D-Zug-Abteil kämen also 60 Passagiere.

Und das wären nur einige der errechenbaren Folgen. Ein letzter Einwand sei jedoch noch vorweggenommen, dieser: Aber es werden doch nie und nimmer alle 700 Millionen Chinesen auf einmal auf die Idee kommen ...: In Ordnung, Herr Bundeskanzler, in Ordnung. Gehen wir davon aus, daß nur die Hälfte kommt, einverstanden? Aber dann müßte ja immer noch eine 70spurige Autobahn gebaut werden, dann kämen immer noch 25 Chinesen auf ein Bett und 30 auf ein D-Zug-Abteil. Wäre damit viel gewonnen?

Wann also, Herr Bundeskanzler, werden Sie, Herr Bundeskanzler, jegliche Fremdenverkehrswerbung der Bundesrepublik in China für jetzt, Herr Bundeskanzler, und immer verbieten lassen? Herr Bundeskanzler? rg

## *»Peinlichkeit und Knecht und …«*

*Die innenpolitische Situation dieser Tage ist dadurch gekennzeichnet, daß nicht mehr Worte, sondern nur noch Sätze helfen können. Als kleine Hilfestellung bringen wir daher mit freundlicher Genehmigung der staatstragenden Parteien die folgende*

### REDE ZUR KLAGE DER BASTION

Liebe Landsläuse! Meine Rahmen und Sperren!

Ohrwurm geht es in diesen Runden? Warum: Anachronistische Säfte, Linksridiküle und ihre Lymphatisanzen schlucken sich an, unseren Spechtsrat zu hinterwandern! Nicht nur unsere freie Mißwirtschaft, nicht nur die Wiedervereisung Deutschlands in Friesen und Geilheit, nein, auch der innere Frieder unseres Geheimwesens ist verroht!

Da beißt es für jeden von uns, die Solidität der Demoskopen nicht nur in Torten, sondern auch in Braten zu beeisen!

Den Kicherreizorganen der Hundesreplik, der Bullizei, der Hundesmär, dem Hundesglänzschmutz sowie den Innengeschwistern der Bänder verschachern wir, und ich glaube, daß jeder hier in diesem hohlen Hause dieser Meisung ist, unser unschweingeschenktes Verdauen!

Die kommenden Knochen werden unsere Gürtel einer engen Zerreißprobe unterschnallen! Jetzt müssen sich Standhäßlichkeit und Bürgerkinn beweinen! Und deshalb ruhe ich alle Menschen guten Brüllens dazu aus, mit mir in den Ruf einzubrechen: Peinlichkeit und Knecht und Dreistheit müssen in unserem Kratersand wieder Gütigkeit verkommen! Und zwar jetzt oder wie!

– Meine Samen und Spermen – ich zanke Bienen für Ihre Ausmerzamkeit!

*Beischlaf von allen Zeiten.* rg/pk

## *Gebt Euch in stärkerem Maße hin!*

Wenn man heute in Nordschleswig oder im Bergischen Land fragen hört: »Hat die Leistungsfähigkeit des Menschen abgenommen, und wenn ja, warum?« – so muß man mit einem »Ja, leider!« antworten. Denn wie so vieles, so ist auch die Hingabe an die Aufgabe nicht mehr das, was wie früher mal war.

Nehmen wir nur Dschingis Khan. Als einfacher Mongole wuchs er auf, und doch gelang es ihm, ohne Abitur sein Volk zur Weltherrschaft zu führen. Das hat manchen Schweißtropfen gekostet, doch Dschingis Khan gab keine Ruhe. Mit Beharrlichkeit und emsigem Fleiß, vor allem aber mit beispielhafter Hingabe an die Aufgabe ging er ans Werk. Wen wundert es, daß er geschafft hat, was keiner für möglich halten wollte?

Aber nicht nur die großen Gestalten der Geschichte leisteten früher mehr. Auch der einfache Mann war zu Leistungen fähig, die ihm heutzutage keiner mehr nachmacht.

Greifen wir in diesem Zusammenhang nur ein Beispiel aus 73 anderen heraus: In Dillenburg im Dillkreis hauste zur Zeit des serbischen Erbfolgestreites der Weber Göber, der, so lange er lebte, webte. Er strengte sich bei jedem Tuch, jedem Teppich, jedem Leilach gründlich an, ja er webte, wie er selbst oft beteuerte, *»seine Seele mit hinein«*. Hingabe ans Weben war oberstes Gesetz in seiner Werkstatt, und nur so brachte er Höchstleistungen zustande.

So stellte er zu Ehren der Wuppertaler Gummiwarenindustrie im reifen Mannesalter einen fuchsroten Maschinenbehang her, in den er mit hellen Guttaperchafäden das Hohelied Salomonis auf Plattdeutsch eingewebt hatte.

Zum Schluß sei noch verwiesen auf den baltischen Brandstifter Karl Frack, der so manchen ungeheueren Brand stiftete, ungeachtet der nassen Witterungsverhältnisse seiner Wahlheimat. »Alles ist brennbar« war seine Parole, und er brachte es noch an seinem Lebensabend fertig, das gußeiserne Hallenbad seiner Hauptstadt in Brand zu stecken, wobei er in den Flammen leider seinen Verstand, nicht aber seine Hingabefähigkeit verlor. Diese führte ihn noch zu seinen großen Altersbränden. Sein letztes Vorhaben, das Matterhorn einzuäschern, scheiterte am Einspruch der zuständigen Behörden. Schade. fwb

## *»Da macht man vielleicht was mit!«*

Unser Gesprächspartner war diesmal Deutschlands dickster Großverleger, der Deutzer Pressezar Bertel Springer. Chefredakteur Zirfeld traf sich mit ihm und versucht nun sieben seiner insgesamt 19 Eindrücke zusammenzufassen:

Zwölf Fuß breit aufgeschossen – so steht er plötzlich in jener traditionellen Deutzer Journalistenkneipe vor mir.

»Sie wollten mich sprechen?«

»Ja«, sage ich, »Ich bin von WimS.«

»Ach ja«, entgegnet Bertel Springer. »Das WimS-Gespräch. Haben Sie's da?«

»So, wie Sie es mir geschickt haben«, sage ich. »Hier.« Ich teile das Manuskript aus.

»Alsdann«, sagt Springer. »Fangen wir an, wie?«

»Gut«, sage ich und Springer beginnt: »Herr Springer, Sie sind einer der dicksten ...«

»Moment«, unterbreche ich. »Sie haben das falsche Blatt, nichts für ungut.« Ich tausche die Blätter rasch aus, während Springer keine Miene verzieht, nur lächelt, so, als wollte er sagen: »Muß noch eine Menge lernen, der Junge ...«

Also nochmals, diesmal beginne ich. »Guten Tag, Herr Springer, Sie sind einer der dicksten Presselords, die wir hier haben. Wie kam es dazu?«

»Das ist eine lange Geschichte«, entgegnet Springer, doch dann sehe ich, wie sein Auge suchend die Zeilen entlangfährt. »Das ist ja wirklich eine elend lange Geschichte. Muß ich das alles vorlesen? Tut es nicht auch der Schluß der Antwort?«

»Zeigen Sie mal her«, entgegne ich, und Springer reicht mir das Blatt. »Da macht man vielleicht was mit«, lautet die Schlußzeile.

»Wenn Sie meinen, bitte«, sage ich und Springer sagt: »Da macht man vielleicht was mit.«

»Nun sind Sie wieder dran«, fügt er hinzu, und ich sage: »So fing's also an. Und wie ging's weiter?«

Springer überfliegt die Antwort und streicht sie. »Das lassen wir auch weg, wenn es Ihnen nichts ausmacht. Oder wollen Sie es vorlesen? Ich kenne den Inhalt nämlich schon.«

Ich wehre ab: »Ich auch. Und außerdem wäre es dann kein richtiges Gespräch. Soll ich die nächste Frage stellen?«

»Wie heißt die denn?«

»Und Ihre weiteren Pläne?«

»Ja, die können Sie stellen.«

»Und Ihre weiteren Pläne?«

»Die stehen noch dahin«, sagt Springer und atmet auf: »Na, das hätten wir wohl.«

»Nein«, sage ich, »hier steht noch etwas.«

»Das Kleingedruckte da? Ach, das sind nur die allgemeinen Gesprächsbedingungen, wie sie in meinem Hause üblich sind: 25000 Belegexemplare an mich, 15000 an die Deutsche Bank, der Rest an die Gottlosen. Hier müssen Sie unterschreiben.«

Ich unterschreibe.

»Das wär's«, sagt Springer, erhebt sich, greift nach seinem Hut aus purem Golde, schnürt den perlenbesetzten Knappsack, sagt: »Alsdann«, und tritt aus der Tür.

Da fällt mein Blick auf eine Zeile, die ich vergessen habe: »Herr Springer, wir danken Ihnen inständig für dieses Gespräch.«

Sie sei hier deshalb schriftlich nachgeholt. fwb/rg

## *Roderich van Ulm, der Reichste der Reichen*

Die Jüngeren unter uns kennen es vielleicht noch, jenes alte Bettellied, das damals in aller Munde war:

»Im Strafraum vor dem Tore
Da sah man ihn einst steh'n
Mit Zins und Zinseskindern
Wie einst Willy Darlehn.
Refrain:
Geld her, Geld her,
Roderich van Ulm ...«

Roderich van Ulm – ja, damals war er auf dem Gipfel seiner Macht. Als Leiter der Sparkassen- und Girojugend hatte er sich 1921 mit einem unerwarteten Diskontsatz an die Spitze der Geldverdiener gesetzt, nachdem er es in Zusammenarbeit mit der Bundesbahn geschafft hatte, das gefährdete dänische Pfund durch massive Stützkäufe beim oberen Interventionspunkt von 500 Gramm zu halten. Bald darauf gelang ihm ein weiterer Coup. Bei Nacht und Nebel ließ er an der Badischen Defektenbörse die Inschrift »Floaten verboaten« einmeißeln und verhinderte so, daß die spanische Pinunse ihre Drittelparität zum freikonvertierbaren Bargeld aufgeben mußte.

1923 – van Ulm war gerade zum Absahner des Jahres gewählt worden –, hatte er alles erreicht, was er wollte. Er war zwar reich, aber glücklich, doch da trat ein Ereignis ein, das ihm sehr zu denken geben sollte ...

Roderich saß gerade auf seinem Korbstuhl aus eitel Silber, als ein schwarzgekleideter Gast die Terrasse betrat und sinngemäß losplärrte: »Ach Gott, ach Gott, wie bring ich es Ihnen bloß bei?!«

»Was denn?« fragte van Ulm.

»Ja, es ist so, ich bin doch der Todesbote, und in dieser Eigenschaft muß ich Ihnen leider zurufen: Roderich! Deine Uhr ist abgewetzt!«

»Abgelaufen«, korrigierte ihn Roderich.

»Wie meinen?« fragte der Schwarze – in seinem Gesicht arbeitete es. Als Todesbote sollte er eigentlich sicherer auftreten...

»Als Todesbote sollten Sie eigentlich sicherer auftreten«, sagte Roderich kühl.

»Sehr wohl«, murmelte der Schwarze. Jetzt arbeitete es auch in seinem Hinterkopf. Das konnte ja heiter werden...

Roderich lehnte sich zurück: »Also Sie wollen mir sagen, daß mein letztes Stündchen und so weiter. Und dann soll Gericht gehalten werden über mich – gute Werke und so. Nicht wahr?«

»Sie sagen es.«

»Unter uns gesagt: Muß das heute sein?«

»Nun ja...«

»Hörnse mal: Geben Sie mir doch drei Jahre Zeit, bis ich die Schwester dem Gatten gefreit – Sie wissen doch, wie der sich anstellt!«

Der Schwarze schwieg. Inzwischen arbeitete es überall in ihm – er mußte zu einer Entscheidung kommen.

»D'accordéon«, sagte er schließlich.

»D'accord heißt das immer noch«, konterte Roderich. »Aber wenn ich jetzt vielleicht weiterabsahnen könnte?«

»Verstehe«, murmelte der Todesbote. »Time is honey...«

Und unter den Augen unseres erstaunten Roderich machte er derart ruckartig kehrt, daß er voll gegen den Schirmständer prallte.

»Verscheihung«, schniefte er noch, dann war er endlich fort.

Roderich aber wandte sich kopfschüttelnd wieder seiner Lektüre zu. Wo war er noch mal unterbrochen worden? Ach ja: »Die Jüngeren unter uns kennen es vielleicht noch, jenes...« rg/fwb/rk

## *Am Webstuhl der Zeit*

Hänschen Klein, einer der bekanntesten deutschen Doppelverdiener, meldete am vergangenen Wochenende im Beisein von Altbunsenbrenner Kreizel SJ Ansprüche auf Kindergeld sowie auf die niedersächsische Kaiserkrone bei den zuständigen Dienststellen an.

Im Rahmen einer schlichten Feierstunde, zu der außer Feldmarschall Flugel von Strugel und dem Kassierer des rheinischen Präsidentenbundes auch Dapsul van Zabelthau als Vertreter der norddeutschen Innerlichkeit erschienen war, versuchte Kreizel dem Antragsteller Klein sein Vorhaben auszureden.

Mit den Worten »Wenn Sie meinen ...« verzichtete Klein daraufhin auf seine hanebüchenen Ansprüche.

Im Anschluß daran stellte der Bezirksleptosom Sauerbrot mit Befriedigung fest, daß alles ja noch mal gut gegangen sei. Nachdrücklich hob er hervor, daß Klein wiederum der Versuchung des Goldes und der Macht erfolgreich widerstanden habe.

Auch van Zabelthau würdigte Kleins fehlendes Durchsetzungsvermögen und seinen Mangel an Ehrgeiz. So etwas sei ihm noch nicht vorgekommen, rief er unter dem Beifall von Herrn Hobel aus und schloß mit einem launigen: »Prost, so dumm kommen wir sicher nicht wieder zusammen!«

Hänschen Klein, der zum Schluß eine Prämie für Fleiß und Aufmerksamkeit entgegennahm und in den erblichen Ruhestand versetzt wurde, lebt seit Dienstag zu Unrecht vergessen in Frankfurt-Niederrad.

Wir fragen: *Was* soll man mit solchen Leuten anfangen?

fwb

## *Das Wunder von Kreuzberg*

»Kiek ma', ick ha'n Stigma!« Mit diesen Worten kam die damals 40jährige Therese von Kreuzberg zu ihrem Pfarrer Wutlich. Seither hat sie Gläubigen wie Ungläubigen Rätsel aufgegeben.

So fand Pfarrer Wutlich heraus, daß Therese bereits seit 20 Jahren zwischen den Mahlzeiten keine feste Nahrung zu sich nimmt. Wie ihr Körper das aushält, ist jedoch nicht das einzige Geheimnis, das sie umgibt.

Therese spricht fließend bayrische Worte, obwohl sie nur die Volkshochschule besucht hat. Verbürgt ist beispielsweise der Satz: »Dir ham se wohl mit'm Oachkatzlschwoaf jepudert, wa?« – Thereses Antwort auf die Frage, ob sie dem Kardinal, der sie im Auftrag des Vatikans untersuchte, einen ausgeben wollte.

Kein Wunder, daß sich offizielle Kirchenstellen bisher geweigert haben, Thereses wunderbare Fähigkeiten zu bestätigen. Doch das einfache Volk mag von dieser Zurückhaltung nichts wissen. Seit bekannt wurde, daß Therese bereits in ihrer Jugend durch gezieltes Handauflegen die erstaunlichsten Erfolge bewirkte, nicht zuletzt bei Männern, kommen heute hunderte von Gläubigen in ihre bescheidene Kreuzberger 6-Zimmer-Kemenate. Und keiner geht ohne Trost von dannen:

»Sie hat mich von einem hartnäckigen 50-Mark-Schein befreit, der in meinem Portemonnaie wucherte« – so ein Charlottenburger Roßtäuscher.

»Mein Steißbein war verrenkt, dank Therese kann ich wieder damit auftreten« – so ein Schauspieler aus Moabit.

»Bevor ich bei Therese war, hatte ich immer Klopfschmerzen. Seit sie mir im Namen des Herrn Jesus bestellen ließ, ich sollte einen längeren Stiel an meinen Hammer machen, haue ich mir nicht mehr so oft auf die Pfoten« – so der Schöneberger Zimmermann Eduard.

Ob die Kirchenstellen ihre Politik der Zurückhaltung weiterhin beibehalten werden? Seit vorgestern nämlich kann Therese außer dem Stigma noch ein ausgewachsenes Rheuma vorweisen. Zuviel der Zeichen, um länger zu schweigen, oder? rg

## *Der Zwischenfall von Winterthur*

In der Nähe von Winterthur war's, daß beim Einmarsch der Karpathen ein verängstigter Blechbläser vom Schnürboden einer Hängebrücke, wohin er sich mit seinen Frauen geflüchtet hatte, aus Unachtsamkeit geradewegs in eine biwakierende Rotte von Flintenweibern stürzte.

»Hiergeblieben!« rief dem vom Sturz noch schwer benommenen Manne eine befehlsgewohnte Stimme zu. Er blieb – und wurde nach Strich und Faden ausgefragt. Wie er dazu komme, was er denn wolle, was zum Teufel das ganze zu bedeuten habe – kaum konnte unser bleicher Blechbläser mit seinen Antworten nachkommen. Doch auch dieses Verhör nahm endlich ein Ende, und nachdem er einen Revers unterschrieben hatte, worin er Stein und Bein schwor, sich niemals und unter keinen Umständen jemals wieder vom Schnürboden einer Hängebrücke auf fremde Eindringlinge zu stürzen, wurde ihm freier Abzug gewährt nebst einem Gutschein auf ein seliges Ende.

Noch nicht genug damit! Von der Regimentstochter der karpathischen Horde, die in sonderbarer Haßliebe an dem scheidenden Gast hing, wurden ihm noch Kinder und Kindeskinder auf den Kopf zugesagt, die, was Gott verhüten möge, in Zukunft noch viel Verwirrung stiften würden. Der Blechbläser, froh wieder frei zu sein, scherte sich den Teufel um diese Weissagung.

Aber wenn ich Ihnen sage, daß unter seinen unmittelbaren Nachkommen Rainer und Maria Rilke waren – die stärksten Doppelbegabungen der frühen 27er Jahre –, dann wird wohl mancher anders von jener Karpathenfrau, sicherlich aber von der Hängebrücke bei Winterthur denken...

fwb

## *Den Murmeltieren ins Stammbuch*

Elf Monate lang terrorisieren die Murmeltiere die Bewohner des Alpenvorlandes durch ihr ständiges Herumhuschen, Krabbeln, Buddeln und Murmeln. Einen Monat lang wendet sich dann das Blättchen: aus Jägern werden Gejagte. Mit den ersten Strahlen der aufgehenden Sonne des 1. Juli erschallt von allen Gipfeln das charakteristische Alphornsignal »Tuuut, tuuut«, das den Beginn der Murmeltierjagd ankündigt. Es ist der Auftakt zu einem farbenprächtigen Schauspiel: Das grüne Wams der Jäger, die schiefergrauen Alpen und die aufgeschreckten gelben Krachmacher, die nun ihr blaues Wunder erleben – das alles fügt sich zu einem Anblick zusammen, der das Herz eines jeden Malers höher schlagen lassen würde.

Das Herz des Tierfreundes freilich mag weniger Freude bei diesem Bild empfinden. Doch sollte auch er bedenken, daß die Murmeltiere nicht ganz unschuldig an dem beispiellosen Groll sind, mit dem sie nun verfolgt werden. Hätten sie das Jahr über etwas mehr Rücksicht genommen und ein bißchen weniger gemurmelt – speziell zur Schlafenszeit – sie stünden heute anders da.

Doch diese einfache Tatsache scheint nun mal nicht in ihre krachsüchtigen Köpfe zu gehen. Und so wird ein rachsüchtiger Denkzettel auch heuer leider nicht auf sich warten lassen.

rg

## *Ein Berg und seine Geschichte*

Wer heute Afrika bereist, steht, wenn er sich von Landshut aus gesehen stets einigermaßen südlich hält, früher oder später vor einem stolzen, schöngeformten Berg, der wie eine afrikanische Ausgabe der Zugspitze anmutet. Wie kommt dieser gut sechstausend Meter hohe Riese in eine Gegend, die sonst nur von kleinen, schwarzen Negern bewohnt wird?

1850 noch war von ihm keine Spur zu sehen, ganz Ostafrika war – wie heute noch Nordafrika – eine einzige flache Wüste. Das änderte sich erst, als 1852 deutsche Farmer aus Oberammergau, das sie wegen der dort grassierenden Passionsspiele hatten verlassen müssen, damit begannen, im Gebiet des heutigen Kenia Fuß zu fassen. Unter ihren Händen verwandelte sich der Wüstensand in jene fruchtbaren Landstriche, die wir dort noch heute antreffen. Und diese Bayern waren es auch, die 1869, vom Heimweh nach der verlassenen Bergwelt getrieben, den Entschluß faßten, mitten in der Wüste einen Achttausender zu errichten. Ein Erkundungstrupp unter der Leitung von Klaas Humplmayr fand am 18. April jenes Jahres den endgültigen Platz. »Durt sull er hiakumm!«, mit diesen Worten gab Humplmayr den Anstoß zu den Bauarbeiten, die sich über Jahrzehnte hinziehen sollten.

Freilich war keineswegs an einen Berg namens Kilimandscharo gedacht. Kaiser-Wilhelm-Berg sollte er auf gut deutsch heißen. Und so heißt er eigentlich auch heute noch. Aber wer weiß schon, daß »Kili« auf Suaheli »Kaiser« bedeutet, und daß »Mandscharo« eine Verballhornung des Wortes »Wilhelm« ist?

Die wenigsten Schulbücher erwähnen diese Tatsache. Und ebenso selten erfährt man, daß der erste Weltkrieg die Bauarbeiten unterbrach, da die Engländer, die schon lange ein Auge auf den Berg geworfen hatten, die deutschen Bautrupps kurzerhand inhaftierten. Zu diesem Zeitpunkt war der Berg schon 6211 Meter hoch und ein weithin sichtbares Wahrzeichen bayrischer Bergbaukunst.

Seine Krönung, den geplanten Gipfel in Form des Münchner Kindls, hat er allerdings nicht mehr erhalten. Die Vertreibung der Deutschen aus ihrer angestammten ostafrikanischen Heimat brachte die Bauarbeiten endgültig zum Erliegen. Bis heute ist der Kilimandscharo ein Torso geblieben. Und ein Stück besten Deutschlands mitten im schwarzen Kontinent.

rg

## *Der Mann, der den Scheibenwischer erfand*

Der Mann, der den Scheibenwischer erfand, war einfacher Leute Kind. Köhler war sein Vater, seine Mutter eine Zugehfrau. Er selber hieß Sebastian Grofelder. Sei's drum.

Neun Jahre war er alt, als er seiner Mutter dabei zusah, wie sie die Scheiben der Kate wischte, die der Familie als Wohnung diente. Und er dachte sich nichts dabei. Aß seine eingedickte Milch und pfiff sich eins.

Doch wiederum neun Jahre später, da war er schon 18. Nun aß er keine eingedickte Milch mehr. Er trank Sauerbier, pfiff sich eins und schaute seiner Mutter zu, wie sie die Scheiben der Kate wischte, die der Familie immer noch als Wohnung diente. Nur daß sie jetzt in den sechsten Stock gezogen war. Und da geschah es, daß er ins Grübeln kam. »Da steht die alte Frau – überdies meine Mutter, also dasjenige Wesen, dem ich mehr als jedem anderen mein Leben verdanke – und wischt Scheiben. Im sechsten Stock. Jeden Moment kann sie runterfallen – und dann? Prost Mahlzeit!«

Abermals neun Jahre später, da war Sebastian Grofelder 27 Jahre alt und ein rescher, fescher Schmied. Am Amboß stand er und hieb, daß die Funken stoben, als ihn ein Brieflein von seinem Eidam erreichte: »Lieber Sebastian, wie geht's dir, mir geht's gut. Übrigens, deine Mutter wäre beim Scheibenwischen fast aus dem Fenster gefallen. Aber fast ist nicht ganz, Gans ist keine Ente, die Ente ist kein Säugetier, was kann der Elefant dafür? Mit freundlichen Grüßen Dein alter Eidam Erwin. P. S. Weißt du schon, daß deine Eltern jetzt im neunzehnten Stock ...« Doch Sebastian hatte den Brief schon sinken lassen.

»Da sollte etwas geschehen«, runzelte er die Stirne. »Und zwar ein wenig plötzlich.« Neun Jahre später stand sein Entschluß fest:

»Dieses Scheibenwischen muß aufhören«, sagte er mehr zu seiner greisen Mutter, die im Fenster des dreiundzwanzigsten Stockwerks stand und Scheiben wischte, als zu sich selbst. »Mutter, du sollst es auf deine alten Tage einmal besser haben als ich. Ich kann's nit mehr mit ansehen. Da muß ein Scheibenwischer her!«

Und nun ging es Schlag auf Schlag.

11. 2. 1767: Sebastian Grofelder faßt den Entschluß, den Scheibenwischer zu erfinden.

27. 3. 1769: Er beginnt damit, ihn zu erfinden.

5. 4. 1769: Er erfindet ihn weiter.

13. 12. 1770: Er hat ihn erfunden.

Das war vor 200 Jahren. Und doch wurde dieser Jubeltag von dunklen Wolken überschattet: Als Sebastian unter großer Anteilnahme der Bevölkerung mit seinem Scheibenwischer vor das Elternhaus zog, beugte sich die stolze, aber kurzsichtige Mutter so weit aus dem Fenster im dreißigsten Stock, daß ihr letztes Stündlein schlug.

Und auch die Erfindung selber – zwei Wischblätter von 2 Meter 50 Länge, die von 15 Mampfmaschinen angetrieben wurden – war derart teuer, daß sich kein weiterer Interessent für Grofelders Entdeckung fand.

Das sollte sich erst 150 Jahre später ändern, wenn auch

etwas anders, als es Grofelder vorgeschwebt hatte: Die Automobilindustrie entsann sich seiner Erfindung, und heute ist der Scheibenwischer vor keinem Kraftwagen mehr wegzudenken. Doch wer denkt noch an ihren Erfinder? An Sebastian Dingens, der im Jahre Dingsbums unerwartet verdingste? rg

## *Der Bauchtanz-Pater*

Pater Schlenz, der auch unter den Namen Schwager Schlinz oder Bruder Schlunz bekannt wurde, ist noch heute eine der umstrittensten Figuren der bayrischen Tanzgeschichte. Ausgedehnte Zechtouren führten ihn schon als blutjungen Missionar bis nach Ägypten, wo er 1803 den Bauchtanz kennenlernte. Das war ein Tanz nach seinem Herzen: das unverhüllte Betatschen des Partners, das ihm und der übrigen Geistlichkeit beim damals grassierenden Walzer so mißfiel – hier fehlte es völlig. Statt dessen: die gelöste Bewegung des einzelnen menschlichen Körpers.

»So geht's doch aa'«, murmelte der Pater, als er in der Oase Ben Wisch den Tanz das erste Mal zu Gesicht bekam, und er begann, diese Kunst von der Pike auf zu erlernen.

Und schon bald war er ein Meister dieser Disziplin: er erwarb das Abschlußdiplom, sprach seine Lehrmeisterin zum Dank scheinheilig und kehrte nach Europa zurück, um dort sein Können weiterzugeben. 1819 begann er in Mittenwald seinen vom bischöflichen Ordinariat ausdrücklich unterstützten Propagandafeldzug für den neuen Tanz. Doch anfangs blieben die Bauern reserviert. Wie alles Fremdländische, die Kartoffel etwa oder den Coitus, betrachteten sie auch den Bauchtanz mit unverhohlenem Mißtrauen.

Dann stellten sich erste Erfolge ein: im Zugspitzmassiv bildeten sich einige Bauchtanzgruppen, 1821 drang der neue

Tanz bis zum Patscherkofel vor, Oberammergau schloß sich der neuen Bewegung an, ein unvorstellbarer Siegeszug schien sich anzubahnen, als plötzlich eine Wende eintrat.

Der neuernannte Papst Pontifex, ein leidenschaftlicher Anhänger des Hupfauf, ließ den Bauchtanz während des Konzils von Minestrone kurzerhand verbieten und bedrohte alle Verfechter dieses Irrtanzes mit einer Konventionalstrafe.

Diese Androhung genügte den stenggläubigen Bauern. Bis auf wenige Sprengel schworen alle Gemeinden dem Bauchtanz ab, und heute wird der Reisende nur noch hier und da Überreste dieses Tanzes entdecken, die sich im Twist oder dem Rechenzeller Zwiesprung erhalten haben. Pater Schlenz aber konnte diesen Rückschlag nicht verwinden. Aus Protest trat er zum Islam über und brachte es bis zum Erzmufti von Rejkjavik. Dort ist er 1839 an einer Tranvergiftung gestorben. rg

## *Zufall oder Schicksal?*

Zufall von Schicksal zu unterscheiden, ist häufig gar nicht so einfach. Und doch stellt sich diese Frage jedem von uns an fast jedem Tage. Da fällt uns beispielsweise eine Brieftasche auf den Kopf. »Kismet«, mag der eine sagen und die 5000 Mark, die darin sind, verjubeln. Der andere hält's für einen Zufall und gibt das Geld bei den armen Sünderinnen und Wirten aus. Wer hat recht?

Völlig unerwartet – zufällig? – erreichte uns dieser Tage ein Buch, das wie kein anderes zu den oben angeschnittenen Fragen Stellung nimmt: »930 schicksalhafte Zufälle«, herausgegeben von F.G. Senkel, erschienen im Karbunkel-Verlag.

Kaum war es auf dem Markt, da löste es schon Kontroversen aus. Der Bremer Schicksalsforscher Köndell griff es in der Maiausgabe der Herrenzeitschrift »Erwin« an und bezweifelte 130 der von Senkel berichteten Fälle.

Daß etwa dem Kreuzberger Schuster Gustav Schuhmacher ausgerechnet an Goethes Geburtstag der Rasierpinsel ins Aquarium fiel, ist laut Köndell »keinesfalls als schicksalshafter, sondern höchstens als purer Zufall zu bezeichnen«. Und er fährt fort: »Senkel war schlecht beraten, als er dieses Beispiel in seine Anthologie aufnahm.«

Nicht nur in diesem Fall, möchten wir hinzufügen. Auch der folgende Schicksalsfall wäre besser unerwähnt geblieben: »Bismarck kam eines Abends spät aus dem Ministerium, wo er noch lange nach Dienstschluß über einem schwierigen außenpolitischen Problem gegrübelt hatte, nach Hause. Dort fand der Reichsgründer einen Zettel seiner Frau: ›Lieber Bisi, bin bei Seiner Majestät zum Souper. Essen ist im Schrank, der Sekt ist im Eimer. Mach nicht so lange. Norwegen darf nicht türkisch werden! Bis bald ...‹

Bismarck stutzte. Was schrieb die Alte da? Norwegen darf nicht ... Das war's! Genau das war die Lösung seines Problems. Wie kam die Frau zu solchen Einsichten? Kopfschüttelnd machte er sich ans Abendessen und schrieb noch in selbiger Nacht seinen berühmten Brief an den Großtürken, in dem er ihm energisch riet, seine Finger gefälligst von den Fjorden zu lassen, andernfalls er etwas erleben könne, gez. Bismarck.«

Schicksal oder Zufall? Wir meinen Zufall, da zu einem echten Schicksalsfall immer die tragische Komponente gehört. Und die fehlt hier. Auch bei einem anderen Fall, den Senkel berichtet: »Jan Fietje, ein Seemann aus dem Oldenburgischen, verspürte bei einem Landgang, es war im März, urplötzlich den kaum unterdrückbaren Wunsch nach Wärme, Gesellschaft, schönen Frauen und einem ordentlichen Bier. Gegen den eisigen Wind ankämpfend, machte er ein nur schwach schimmerndes Licht aus. Er wankte darauf zu, gelangte an eine Tür, öffnete sie und stand auf einmal in einem Raum, der alles, aber auch alles bot, was er sich erhofft hatte. Kann man das noch einen unglaublichen Zufall nennen? Nein! Das war Schicksal!«

Das war nicht einmal ein Zufall, behaupten wir. Denn Senkel verschweigt, daß sich dieser Vorfall immerhin auf der Reeperbahn abspielte, wo »Schicksalsfälle« dieser Art doch wohl die Regel sind. Und der von Senkel besonders herausgestrichene Fall, daß der Dichter Thomas Mann am 6. 6. 1955, seinem achtzigsten Geburtstag, eine Unmenge von Briefen und Ehrungen erhielt, »nicht etwa einen Tag früher oder drei Wochen später, nein, grad als er achtzig wurde, welch schicksalhaftes Zusammentreffen!« – dieser Fall sollte nicht einmal der Diskussion wert sein.

Also wieder einmal ein schlechtes Buch über ein hervorragendes Thema. Schickfall oder Zusal? fwb/rg

## *Die großen Ereignisse und ihre Schatten*

Daß große Ereignisse ihre Schatten vorauswerfen, daß es sichere Vorzeichen für alles mögliche gibt, davon waren die Menschen früherer Epochen fest überzeugt. Ein Glaubenskrieg war kein rechter Glaubenskrieg, wenn nicht schon Monate vorher ein baumlanger Komet den Himmel verfinsterte oder ein Pferd mit zwei Ohren zur Welt kam. Und zwei Tage vor der Erfindung des Salpeters haben gutunterrichtete Kreise einen zwiebelfarbenen Riesenhamster beobachtet, der im Speyerer Dom tobte und lärmte. Das war deutlich genug.

Wie aber steht es heute mit Vorzeichen? Gibt es sie nicht mehr? Oder gibt es die großen Ereignisse nicht mehr, die dadurch angekündigt werden?

Nun, selbst Skeptiker haben zugegeben, daß kürzlich,

bevor ein neuer Kühlschrank in den Handel kam, Wochen vorher seitenlange Anzeigen in führenden Massenblättern erschienen sind – untrügliche Zeichen dafür, daß ein Ereignis auf dem Kühlsektor bevorstehen würde. Außerdem aber gab es seltsame Erscheinungen: mausgrüne Einspänner, zwiegenähte Nacktsamer und mehrere Berggeister tummelten sich auf den Straßen und Plätzen Krefelds. Zwei Tage darauf ging in Münster ein bedeutendes Geldverarbeitungsunternehmen in Konkurs, – alles Beweise dafür, daß wir den vielen unerklärlichen Vorgängen landauf und landab mehr Beachtung schenken und uns stets auf wichtige Ereignisse gefaßt machen sollten.

So wird aus Osnabrück gemeldet, daß im Foyer des Badehauses Binkel ein erbsengroßer Komet herumschwirrt. In Wesel, so hört man, entstand in einer Tierhandlung ein ungeheures Durcheinander, als ein ausgewachsenes Meerschweinchen nach der Polizeistunde kreischend ein Glas Bier verlangte – »aber nicht so heiß!« In Ellwangen brannte eine seltene Topfpflanze bis auf die Wurzeln ab und an mehreren Orten im Gebiet um Dortmund wurden fliegende Erdmännlein gesichtet.

Soll man diese Vorgänge mit einem Achselzucken abtun oder gar ableugnen, wie es vielfach in der Lokalpresse geschieht? Nein, das gerade nicht. Wir sollten vielmehr diese unerklärlichen Vorfälle genau beachten und uns auf allerhand gefaßt machen. Vieles kann sich ereignen: Teuerungen, Schlammlawinen in der Gegend von Köln, Seebeben, eine Revolution oder der Niedergang der Schwerindustrie, Umwälzungen unserer Agrarstruktur, sittliche Verwilderung, Aufhebung der Bretzelpreise oder das Chaos – und wir können nachher nicht sagen: Wer hätte das gedacht! fwb

## *Die Interbier – ein voller Erfolg*

Die Interbier – die alljährlich in Solingen-Ohligs stattfindende Leistungsschau der Biergewinnungsbetriebe – hat ihre Tore geschlossen. Kenner der Marktlage hatten ihr mit gedämpftem Pessimismus entgegengesehen. Erfüllten sich ihre Befürchtungen?

Um es vorweg zu sagen: 1967 wird ein gutes Bierjahr. Trotz der Sparmaßnahmen der Bundesregierung ist der Hopfen allenthalben die Stangen hochgeklettert, daß es eine Freude war, und auch der Malzabbau in den Stollen rund um Dortmund, München und Einbeck konnte termingerecht und qualitativ zufriedenstellend abgeschlossen werden.

Ein Quertrunk durch die ausgestellten Biere erfüllte daher selbst hochgespannte Erwartungen. Keines schmeckt nach Majoran – was beim 66er hier und da bemängelt werden mußte –, und bei keinem liegt der Zuckergehalt über dem in der Genfer Konvention festgesetzten Verhältnis von zwei Kilogramm pro Stiefel. Selbst das »Finkenthaler Pilsner«, das in den vergangenen Jahren unter einem gewissen Nachmöpseln litt, macht dieses Jahr eine gute Figur. Fachleute behaupten zwar, daß es immer noch nachmöpsele, doch ist es den Finkenthalern gelungen, diesen Umstand durch ein markantes Vormöpseln so weit auszugleichen, daß er kaum mehr ins Gewicht fällt.

Der erste Eindruck also war einheitlich, und doch war die Interbier 67 eine Interbier der Gegensätze. Die Branche ist in Bewegung geraten. Junge, mutige Brauer verlassen mehr und mehr die ausgetretenen Pfade der Alten, um Biere zu brauen, die dem veränderten Lebensgefühl unserer Zeit gerecht werden.

Nicht immer gelangen ihnen auf Anhieb gültige Lösungen. Und doch ließen die zornigen jungen Männer, die unter der Devise »Papas Bierchen ist tot« angetreten waren, mit manchem unkonventionellen Bier aufhorchen. So der junge Wetzlarer Brauer Wülfel, der ein alkoholfreies Sauerbier zur Diskussion stellte, das trotz einiger Konzessionen an den Publikumsgeschmack durchaus in die Zukunft wies, so der kompromißlose Werner Heisterbach mit seinem ›Heisterbacher Hopfenschnäpschen‹, einem Bier, dessen Alkoholgehalt (72 %) bei dem Probetrunk erst starkes Für und Wider und dann allgemeine Verbrüderungen auslöste. Wohin der Weg geht, ist noch ungewiß, doch der Trend zum Neuen ist nicht zu verkennen und begrüßenswert.

Daß es dabei auch zu Entgleisungen kommt, ist wohl nicht zu vermeiden. Trotzdem hätten die Veranstalter der Interbier ein Produkt wie Rudolf Kuhns »Fronauer Trokkenbier« von vornherein ausjurieren sollen. Diese in Würfel gepreßte Masse aus Hopfen, Koks und Kakaobestandteilen mag ein hervorragendes Brennmaterial sein, im Rahmen der Interbier hatte sie nichts zu suchen. rg

## *Jedes Jahr, wenn die Kurse fallen*

Wie nicht anders zu erwarten, kam es auch im vergangenen Jahr an der Krefelder Börse zu beträchtlichen Kursstürzen, die erhebliche Aufregung hervorgerufen haben. Heute ist das alles weitgehend vergessen. Und doch ist es von entscheidender Wichtigkeit, sich das damalige Geschehen nochmals zu vergegenwärtigen.

Als Jörg Techtel, der Präsident des Wochenmarkts, am 17. Juni 1966 auf einem Arbeitsessen von den Kursstürzen hörte und man ihn um schleunige Abhilfe anging, bat er sich zunächst 7 Monate Bedenkzeit aus. Wußte er doch, daß er selbst einen Großteil seines Ersparten an eben dieser Börse »für sich arbeiten« ließ, wie er es nannte.

Techtel zog sich nach einigem Sträuben zur Beratung

zurück. Die Kurse stürzten währenddessen weiter ins Bodenlose. Von Techtel aber hörte und sah man nichts. Ein Saaldiener, der ihm Tabak und Tafelsilber ins Kabuff bringen mußte, kam stumm und mit vor Schreck und Gram geweiteten Augen zurück. Die Zeit verging wie im Fluge. Die Kurse fielen.

Da endlich, gerade als der Kustos mit einem Hammer zu ihm geschickt werden sollte, erschien Techtel wieder. Leichenbleich, aber ohne Umschweife ging der Erwartete an sein Stehpult, stellte sich zurecht und leitete mit ein paar geschickt ausgestreuten Gerüchten und einigen Spekulationen eine Stabilisierung der Kurse ein. Nach drei Tagen herrschte wieder eitel Hausse und Sonnenschein.

Techtel, gefragt, was er denn um Himmels willen so lange im Verborgenen getrieben habe, deutete in einer längeren Rede vor beiden Häusern auf dem Krefelder Geldmarkt an, er habe so manches zu erledigen gehabt. Näheres darüber könne er noch nicht mitteilen, es sei zu seinem Leidwesen noch verfrüht. Hauptsache aber sei doch schließlich, daß die Börse wieder normal arbeite. Was man eigentlich mehr wolle.

Die Zuhörer gaben sich zufrieden und dankten Techtel. Ihm zu Ehren brachte man sodann im Seitenschiff der Börse in Ohrenhöhe die vielbewunderte Inschrift an: »Dem Baren, Guten und Schönen.«

Seither aber zieht sich jedes Jahr, wenn die Kurse fallen, ein auserwählter Krefelder für drei Tage »zur Beratung« zurück. Dort darf er ganz im Geheimen und ohne daß jemand Erkundigungen darüber einzieht, tun und lassen, was er will. Ein neues Brauchtum, von dem so manche Stadt lernen könnte, wenn sie nur wollte. (Wir denken hier besonders an Bochum und Friedrichshafen.) fwb

## *Mensch und Rausch*

Der Mensch ist das einzige Tier, dem der »Schöpfer die Gabe verliehen hat, sich richtig vollaufen lassen zu können«, meinte Darwin einmal, als er nach Hause getragen wurde. Das ist überspitzt formuliert, aber wie in fast jedem Satz steckt auch hinter diesem ein wahrer Kern; Mensch und Rausch sind seit Urzeiten nicht zu trennen. Doch während sich unsere Vorfahren jahrhundertelang mit den einfachen Gaben der Natur zufriedengaben, dem herzhaften Opium, dem kernigen Mescalin oder der würzigen Tollkirsche, suchen wir Kinder des technischen Zeitalters nach immer ausgefalleneren und künstlicheren Rauschgenüssen. An die Stelle der natürlichen sind die chemischen Drogen getreten, die einander in rascher Folge ablösen. War vor einem Jahr noch das LSD – eine Mischung aus Lysergsäure und einer Dynamitlegierung – in Mode, so spricht man heuer in den Kreisen der Hipsters und Beatniks bereits von ganz anderen Genüssen. »Das LSD ist out«, verkündete der Chef der »pot«-Schlucker, der Wahlfriese Erwin O'Leary, stolz, »es lebe das MIZ!« Damit ist eine neue bewußtseinserweiternde Droge gemeint, die ein Chemiker durch Zufall erfand, als er im Auftrag eines Dachverbandes ein feuerfestes Eierbrikett entwickelte. Die dabei abfallenden Spaltprodukte – ein vitaminhaltiges Gemisch aus diesem und jenem –, gab er seiner Katze zu trinken und beobachtete fasziniert, wie das bisher ausgesprochen schwermütige Tier plötzlich seinen Frieden mit der Welt machte und mit den Mäusen auf den Tischen tanzte. Neugierig schluckte er selbst einen Tropfen von der neuen Droge, die er zuvor noch schnell nach seiner Katze benannt hatte. Mit ihr zusammen wurde er auch wenig später in Neuendettelsau eingeliefert, wo beide nach eigenen Angaben noch immer unglaublich high sind und von den Früchten ihrer Erfindung wie die Fürsten leben.

Doch kaum hatte das MIZ seinen Siegeszug durch die Stätten des Lasters in aller Welt angetreten, da erstand ihm schon ein Konkurrent, das SAD. Seine Erfindung, die dem englischen Sonntagsforscher Puschl (sprich: »Paschl«) gelang, gab der gesamten Rauschgiftindustrie völlig neue Impulse. Das SAD nämlich, eine quittengelbe Pille, ist die erste der jetzt so beliebten bewußtseinsverengenden Drogen. Sie stürzen denjenigen, der sie einnimmt, in nicht enden wollende Trauer und Bedrücktheit – Gefühle, die der professionelle Schlucker der herkömmlichen Drogen so sehr vermissen mußte, daß er sie nun erst richtig zu schätzen und auszukosten gelernt hat.

Doch selbst das SAD ist nicht mehr der letzte Schrei, schon munkelt man davon, daß in einigen besonders finsteren Lokalen im New Yorker East-Village eine Droge en vogue sei, die in flüssiger Form ausgeschenkt wird und nach der Meinung von Wissenschaftlern ein Nebenprodukt der Malz- und Hopfenveredelung darstellt. Sie soll angeblich aus einer goldgelben Masse bestehen, die von einem seltsam schönen Schaum gekrönt wird und vollkommen unberechenbare Folgen bewirkt: manch einer wird nach dem Genuß von 20–30 Gläsern fröhlich wie sonst was, der andere auch. rg

## *Der Mensch und das All*

Die Menschheit ist am Vorabend ihres größten Schrittes angelangt: des Schrittes in den Weltraum. Das All ruft!

Die tapferen Piloten in der engen Raketenkapsel werden es in den unendlichen Weiten des Sternenmeeres nicht leicht haben. Wissen wir doch schon: Der Weltraum ist ein Raum der Superlative. Nehmen wir unsere Erde. Sie wiegt im Frühjahr zur Zeit der Schneeschmelze rund 600 Trillionen

Tonnen. Solche riesigen Zahlen werden vielleicht einprägsamer und anschaulicher, wenn wir uns vorstellen, daß ein gewöhnlicher Wagenheber rund 35 Kilogramm wiegt.

Aber auch die Größe dieser schweren Himmelskolosse ist erstaunlich. Der Durchmesser etwa der Beteigeuze beträgt 500 Millionen Kilometer. Bei einer Stundengeschwindigkeit von 1200 Kilometern würde eine Wanderschwalbe zu dieser immensen Strecke 34 Milliarden Wochen benötigen. Noch größer ist der Fixstern Birius, ein wahrer Himmelsriese. Er hat einen Umfang von sage und schreibe 628 Millionen Milliarden Kilometern. Das sind 817 Billionen Millionen englische Seemeilen! 60 Trillionen erwachsener Männer könnten mit ausgebreiteten Armen diesen Koloß kaum umfassen!

Zum Glück sind die Entfernungen zwischen diesen Mammutsternen auch sehr beträchtlich. So ist etwa der Mars von dem Fixstern Globol rund 3 Billionen Oktillionen Kilometer entfernt. Würde man eine 3 Meter breite Straße dieser Länge bauen, so benötigte man dazu mehr als 20000 Pflastersteine, wenn man für einen solchen Stein eine Kantenlänge von 350 Trillionen Kilometer veranschlagt.

Wir sehen: Ein Raum der Superlative. Um diese ungeheuren Entfernungen mathematisch besser bewältigen zu können, haben die Astronomen ein besonderes Mittel eingeführt: Das sogenannte »Lichtjahr«. In dieser Zeit müssen sich die jungen Forscher mit einem der faszinierendsten Kapitel ihrer Wissenschaft befassen: mit der Geschwindigkeit des Lichtes.

Man verwendet in der modernen Forschung längst nicht mehr die alten Lichtsorten, die viel zu langsam waren. Kerzenlicht z. B. brachte es bei günstigen Windverhältnissen auf höchstens 3 Meter in der Sekunde. Noch träger war das Licht der alten Tranfunzeln – oft brauchte ein derartiger Lichtstrahl für eine Strecke von 1 Kilometer über zwei Stunden. Vielfach erreichte er sein Ziel gar nicht, oder er wurde vom eigenen Schatten überholt. Moderne Lichtquellen waren schon schneller als der Schall.

All das kann aber nicht mit dem Licht der Fixsterne verglichen werden, das die unfaßbare Geschwindigkeit von 300000 Kilometern in der Sekunde erreicht – es kann bei diesem Tempo mit dem unbewaffneten Auge überhaupt nicht mehr wahrgenommen werden. Doch das All ist nicht nur ein Raum der Superlative, in dem sich der künftige Raketenpilot denn doch klein und unbedeutend vorkommen muß – es ist gleichzeitig ein Raum der scharfen Gegensätze, wie wir gesehen haben. Größte Hitze im Innern der Sonne – Temperaturen von Millionen und aber Millionen von Graden und bitterste Kälte des Weltraums stehen hart nebeneinander. Riesensonnen und winzige Meteore, schnellste Kometen und träge Fixsterne, wunderschöne Sternbilder und abgrundhäßliche Planeten stehen unvermittelt im Raum.

Doch immer noch gibt es, weit ab vom hektischen Getriebe unserer Milchstraße, kleine Spiralnebel, in denen die Zeit stillzustehen scheint. Wie vor Jahrmilliarden senden sie ihr mildes Licht aus – zur stillen Mahnung für uns Menschen, die nach ihnen im rücksichtslosen Forscherdrange greifen wollen. fwb

## *Haben wir zu viele Dimensionen?*

Der deutsche Maßforscher Hans Hermann Kurz untersucht in seinem jetzt erschienenen Büchlein »Welche Maßeinheit ist das?« die verwirrende Vielfalt unserer Maße und Gewichte. Er versteht es, uns die Maße menschlich näherzubringen, das Buch liest sich fast wie ein spannender Roman, und auch der Humor kommt zu seinem Recht. Wir bringen einige Beispiele:

## DER HEKTAR

Bei den alten Griechen galt er als Göttergetränk, in neuerer Zeit baut man Wiesen und Wälder auf ihm an. Leere Hektare findet man in Deutschland nur noch selten, und sie werden mit Gold und Devisen aufgewogen oder in Kubikfuß zerlegt.

## DER KILOMETER

Der Kilometer vermag in kürzester Zeit weite Entfernungen zu überbrücken. Für die Strecke Frankfurt–Bad Soden, für die man früher mehrere Tagesreisen veranschlagt hat, kommt man heute mit 23 Kilometern aus. Das Längenwachstum des Kilometers verläuft unregelmäßig. Der längste heute bekannte Kilometer, zwischen Konstanz und Eckernförde gelegen, mißt ungefähr 37 Flugstunden oder 12 Nachtschichten. Seiner großen Ausdehnung wegen kann er schlecht transportiert werden. Die sogenannten Kilometersteine sind Erinnerungsmale, Grabsteine abgeschiedener Kilometer. Die synthetische Herstellung von komprimierten km, deren einer in einer Badewanne Platz finden soll, bereitet noch technische Schwierigkeiten. Doch ihre Produktion ist ein Haupterfordernis unserer Zeit, da sich der alte km in feuchtem Klima um das Dreifache ausdehnt. Auch ist er viel zu breit und zu schwer, um den technischen Anforderungen von heute genügen zu können.

## DIE ÜBERSTUNDE

Die Überstunde, etwas breiter als die Schäferstunde, ist von praktisch unbegrenzter Dauer. Sie tritt hauptsächlich an Sommerabenden in Erscheinung und dient zur Hebung des Lebensstandards. Sie kann auch zur Messung der Schallgeschwindigkeit verwendet werden und ist eine wichtige Waffe im Lohnkampf.

DAS BUSHEL

Das bushel, kaum kleiner als der Dezimeter, findet in der kleinsten Hütte Platz. Es wird an der New Yorker Börse mit Weizen aufgewogen. Mit Blei gefüllt, übertrifft es selbst die Megatonne an Breitenwirkung. Mit dem bushel findet der Mensch ein Mittel, der ständigen Roggenplage Herr zu werden. Jeweils bis zu vierzig Roggen gehen freiwillig in ein bushel und kommen auf ein Lastauto, werden aus der Gefahrenzone geschafft und ins Meer geschüttet.

DAS PFUND

Das Pfund war schon im Mittelalter bekannt und erreicht unter allen Umständen ein hohes Alter. Als Heilmittel gegen Pestilenz und Teuerung wird es noch heute verwendet. Jeweils zwei Pfund verschiedenen Geschlechts können sich legal zu einem Kilogramm zusammenschließen. Junge Pfunde nennt man Milligramm oder Unzen, ein besonders schweres Pfund ist die niedersächsische Tonne, deren Schatten zehn Männerarme nicht umfangen können. fwb

## *Eine ungeheuer wichtige Nachricht aus dem Schulleben von Bad Bochum*

In Bad Bochum wurde vor nunmehr einem Jahr die erste »Schule des Lebens« eröffnet. Wir haben damals nicht darüber berichtet, sei es, weil uns keiner etwas davon sagte, sei es, weil wir der Ansicht waren, das sei wieder mal so ein moderner Firlefanz. Doch wir haben unsere Meinung geändert, wir wissen jetzt Bescheid.

Und das kam so:

Vergangenes Wochenende lud uns Dr. Dopf, der Konrektor der »Schule des Lebens«, zu einem Informationsbesuch ein. Er schrieb: »Wir wollen Ihnen nichts vormachen.

Überzeugen Sie sich selbst. Unsere Schule ist ein hochmodernes Institut. Dumm und Alt kommen von weit her, um bei uns all das zu lernen, was man so zum Leben braucht – Sie verstehen! Kurzum: unsere ›Schule des Lebens‹ ist die erfolgreichste Schule im ganzen Land. Wer es in unserer hochtechnisierten Zeit im Wettlauf mit den Amis und Russen noch zu etwas bringen will, dem können wir helfen.«

Zum Beweis seiner Behauptungen legte Dr. Dopf einen Scheck über sage und schreibe 10000 Mark bei. Unsere journalistische Sorgfaltspflicht gebot uns, dieser Sache nachzugehen.

»Sie kommen«, rief auch schon einer, kaum daß wir in Bad Bochum anlegten. Und als wir das funkelnagelneue Schulgebäude, das sich wie ein steinerner Zeuge über den Kläranlagen erhebt, betraten, hatte Dr. Dopf bereits alle seine Schüler aus den Betten getrommelt, und wir durften mit unseren Recherchen beginnen.

In der »Schule des Lebens« gibt es nach den Worten von Dr. Dopf kein dogmatisches Unterrichtssystem, sondern Patentrezepte für Reichtum, Glück und Ruhm werden vermittelt.

Hansjörg G., 34, einer der jüngsten Schüler der Anstalt, wurde uns vorgestellt: »Bitteschön«, sagte der Konrektor, »als Hansjörg vor einem Jahr zu uns kam, hatte er von Tuten und Blasen keine Ahnung. Und jetzt – überzeugen Sie sich selbst!«

Wir überzeugten uns: Hansjörg tutete wie kein zweiter, und im Blasen kam keiner ihm gleich. »Er wird seinen Weg machen«, sagte Dr. Dopf und führte uns zu Michael R., der gerade dabei war, sich im erfolgreichen Durchsetzen zu üben. »Ich werde es zu etwas bringen!« gestand uns Michael. »Und ich weiß auch schon wie!« Auf unsere Frage, zu was er es denn bringen wollte, antwortete rasch Dr. Dopf, daß dieses Thema erst in der nächsten Stunde durchgenommen werde. Karlchen P., 49, zeigte uns, vom Konrektor aufgefordert, bereitwillig, was eine Harke ist, und Jochen W., 51, bestätigte, was ihm ins Zeugnis geschrieben wurde: Er ließ sich nichts vormachen. Redakteur Dr. Ruschel versuchte, ihm ein X für ein U vorzumachen. Aber »nichts da!« sagte Jochen und Dr. Dopf drückte ihm stumm die Hand. Dann wurden unsere Recherchen durch eine überraschend einberufene Trinkerei vom Hausmeister unterbrochen, wobei alle, Lehrer, Schüler und Reporter, mithielten. Mit einem Toast auf den erfolgreichsten Schüler, der es am weitesten gebracht hat (»Mehr darf ich Ihnen nicht sagen!« sagte Dr. Dopf), beendeten wir unsere Erkundigungen. Eine »Schule des Lebens«, wie sie in Bad Bochum besteht, ist schon etwas! Oder, wie uns der Hausmeister verriet: »Leute, Leute, auf diese Schule haben wir gerade noch gewartet.« fwb

## *Der Düsseldorfer Schreitag*

Der Düsseldorfer Schreitag geht in seiner heutigen Form auf den 250 Jahre zurückliegenden Geburtstag von Jost Stremel zurück. Aber wer war Jost Stremel?

Selbst die, die auch heuer den Schreitag festlich begehen, wissen selten Genaueres über Stremel, und doch war er es, der nach einem langen und arbeitsreichen Leben seinerzeit Düsseldorf vom türkischen Joch befreite und die Herrschaft der Schlotbarone begründete.

Morgens um 5 Uhr 30 beginnt der Schreitag. Vor dem Haus am Semmelmarkt, dem Geburtshaus Stremels, stimmt die wartende Menge wie schon vor 250 Jahren auf ein Zeichen des Standesbeamten in den – damals ersten – Schrei des neugeborenen Stremelchens ein. Und zwar schreien wie immer nicht nur Vertreter der Entrechteten und Enterbten, auch der Geld- und Seelenadel hat Schreier entsandt, und selbst ein Mitglied der ehemals reichsunmittelbaren Stadtsparkasse stößt einen, wenn auch spitzen Schrei aus. Dann ergreift der dienstälteste Rechtsanwalt das Wort, prophezeit dem Stremelkind eine glanzvolle Zukunft und stellt es als den geborenen Türkenbefreier hin. Man muß sich dabei vorstellen, wie solche Worte damals wirkten, damals, als Sultan Ibn Krokus – Ironie der Geschichte – die Ehrenpatenschaft für den kleinen Stremel übernahm.

Nach dem Abschreien des Befreiungswalzers formieren sich die Festgäste zum Festzug: vier Agenten tragen das Steckkissen mit dem Kleinen, ihm folgen heute wie damals die Angehörigen, der Senat des städtischen Geheimdienstes, der Oberkonspirator, und den Schluß bilden Medizinalrat Becht und seine Leute. Danach kommen manchmal noch 52 ausgesuchte Schulklassen, als türkische Despoten verkleidet.

Gegen Abend verklingt die Schreierei. Nur vereinzeltes Gröhlen schallt noch dann und wann aus dem Krawattenwäldchen, wo sich einige Unentwegte zu einer kleinen Nachfeier versammelt haben und historisch überlieferte Parolen in die Baumrinden schneiden, beispielsweise: »Wüs süchün üll dü Türkün/hür üntür Dütschlünds Bürkün?!«

fwb

## *Was ist der Mensch?*

Es ist schon ein seltsam Ding um die Reichen...

Da traf ich neulich nach langer Zeit einen Klassenkameraden wieder, einen, der es, wie man so schön sagt, geschafft hat, einen Herrscher über Menschen, Mädchen und Maschinen.

Und was sagte mir dieser Mann? Pries er sich glücklich? Prunkte er mit seinen Schnürsenkeln aus eitel Speckstein und seinem Wams aus eitel Schnürsenkeln?

O nein. Er sagte vielmehr: »Jetzt habe ich schon seit über dreißig Jahren jede Menge Geld verdient, doch erst gestern erkannte ich, daß ich über diesem Treiben das Wesentliche vergessen habe... ›Mensch, werde wesentlich‹, las ich, als ich zufällig in den Sinnsprüchen des Angelus Silesius blätterte, und ›Genau!‹ dachte ich unwillkürlich. Den Rest meines Lebens aber werde ich dem Wesentlichen widmen. Und worin liegt das Wesentliche?

Für mich wird es in Zukunft darin liegen, *wesentlich* weniger zu arbeiten und *wesentlich* mehr zu verdienen...«

Und er sah mich mit einem Blick an, der mir durch und durch ging...

Nun, vielleicht nicht durch *und* durch. Aber *durch* bestimmt...

rg

# WIMS-INTIM ZUM ERSTEN

**25. 11.** »Alle anderen Zeitschriften haben eine ständige Kolumne, in welcher sie über sich selber schreiben«, sinniert Chefredakteur Zirfeld während der 11-Uhr-Konferenz. »Warum haben wir keine?«

Wer weiß, ob wir die Antwort je gefunden hätten, wenn unser Redaktionsbote Dr. Golz nicht sein knappes »Weil hier bisher keiner eine geschrieben hat« in die Debatte geworfen hätte.

»Dann wird hier in Zukunft eben einer eine schreiben«, sagt Zirfeld leichthin. Die Geburtsstunde von »WimS-Intim« hat geschlagen.

**27. 11.** Unser WimS-Team hat sich vergrößert. Für eine repräsentative Untersuchung über das Liebesleben der Haselmaus haben wir 2000 dieser putzigen Wesen als Volontäre eingestellt. Sie werden einen Monat lang für einen Hungerlohn bei uns arbeiten und scheinen sich bereits gut eingeliebt zu haben.

**30. 11.** Hoher Besuch hat sich angemeldet: Der Herr Papst und seine Gemahlin wollen sehen, wie die Zeitschrift für eine sauberere Welt entsteht. Doch die festlich gedeckte Kaffeetafel und die eilig vollzogenen Nottaufen des agnostischen Teils der Belegschaft sind umsonst. Der angebliche Besuch stellt sich als übler Scherz eines anonymen Anrufers heraus.

**5. 12.** Ein wichtiger Tag für alle. Dr. Ganther, bisher Chefrationalisierer beim Sperling-Konzern, beginnt seine Arbeit bei uns. Seine erste Maßnahme: die Sekretärinnen müssen die Briefmarken, mit denen sie die ausgehende Post frankieren, nicht mehr, wie gewohnt, in Längs- sondern in Breitrichtung ablecken. Bald haben sie sich an die neue Arbeitsweise gewöhnt. Zeitersparnis, am selben Tag noch: 2½ Minuten. Kommentar der Sekretärinnen: »Und es schmeckt auch besser.«

**24. 12.** Das WimS-Weihnachtsfest – wie immer im engsten Kreis der weltweiten WimS-Gemeinde gefeiert – wird auch dieses Jahr zu einem vollen Erfolg. Atemlose Spannung herrscht, als Chefredakteur Zirfeld die Weihnachtsgeschichte vorliest. »Wie geht's weiter?« wollen alle wissen und: »Was wird aus dem Kind!?«

Und so liest Zirfeld denn weiter – bis zum bitteren Ende. Da fällt es anfangs allen schwer, in echte Festtagsstimmung zu kommen, doch als die Geschenke ausgepackt werden, sind alle trüben Gedanken verflogen. Und wie immer sind es nicht die kleinen, persönlichen, sondern die großen Geldgeschenke, die allen am meisten Freude bereiten.

Das als Anregung für Sie, liebe Leser, wenn Sie uns zum nächsten Fest etwas bescheren wollen, was wir doch stark hoffen.

**10. 1.** Endlich liegt die langerwartete Leseranalyse vor, die das Institut für Meinungsmache in unserem Auftrage erstellt hat. Sie schildert den typischen WimS-Leser als einen konsumträgen Endsechziger, der sich hauptsächlich von Spurenelementen ernährt und ein monatliches Durchschnittseinkommen von 2 Mark 50 bezieht.

Wie Dr. Wernher, der Leiter des Instituts, seinen Vortrag über den Durchschnittsleser beendet, gibt es in der Redaktion lange Gesichter. »Wie sollen wir aufgrund dieser Analyse Anzeigenkunden für WimS bekommen?« fragen wir den Doktor. Der kontert kühl: »Für die 15 DM, die Sie bereit waren für unsere Analyse zu zahlen, konnten Sie keinen besseren Durchschnittsleser erwarten.«

Schweren Herzens verdoppelt Chefredakteur Zirfeld daraufhin das Honorar. In einem Monat will Dr. Wernher nun eine neue Analyse vorlegen. Drücken Sie sich die Daumen, lieber Durchschnittsleser!

**2. 2.** WimS-Reporter Waechter erzählt eine Geschichte, die er neulich irgendwo gehört hat. Ob die nicht etwas für uns wäre: »Zwei Männer treffen sich. Sagt der eine: ›Warst du eigentlich schon mal in Amerika?‹ Erwidert der andere: ›Nein.‹ Sagt der erste: ›Dann müßtest du eigentlich meinen Bruder kennen, der war auch noch nie in Amerika.‹«

Chefredakteur Zirfeld nickt zustimmend: »Gute story! Paßt zu uns. Müßte aber erst recherchiert werden. Wäre interessant zu wissen, ob sich die beiden wirklich kennen.«

Waechter verspricht, der Sache weiter nachzugehen. Vielleicht werden Sie ihr in einer unserer nächsten Ausgaben begegnen.

**10. 2.** Haben Sie sich eigentlich schon mal Gedanken darüber gemacht, wieviel Material und Geist nötig sind, um eine einzige WimS-Ausgabe herzustellen? Wir taten es und kamen zu erstaunlichen Ergebnissen: Würde man das Papier einer einzigen WimS-Auflage zu einem Scheiterhaufen aufschichten, würde es ausreichen, um 15 korpulente bzw. 23 magere Hexen zu verbrennen. Die Überschriften einer normalen WimS-Ausgabe ergäben – aufeinandergestellt – eine Schlagzeile von der Höhe des Butterberges. Mit den Buchstaben, die in einer WimS-Nummer verarbeitet werden, könnte man anderthalb Lukas-Evangelien schreiben, und die Gedankenarbeit, die an einen einzigen WimS-Beitrag mittlerer Länge verwandt wird, würde ausreichen, um 15 Nationalhymnen oder vier Sperrverträge zu verfassen.

**13. 2.** Eine üble Geschichte hat sich in der Besenkammer der WimS-Redaktion ereignet: Von einem Besen ist nur noch der Rest des Stiels übrig, die Borsten des anderen sind bis auf das Holz abgerupft.

»Ich freß einen Besen, wenn das nicht wieder die langhaarigen Protest-Studenten waren«, sagt der WimS-Kalfaktor Pissarek – und verrät sich durch diese unbedachte Äußerung selber. Gegenwärtig sitzt er im Untersuchungsgefängnis Dörnigheim und erwartet seinen Prozeß wegen Unbrauchbarmachung von WimS-Inventar.

**18. 4.** In der WimS-Redaktion wird eine Meckerecke eingerichtet, eine Tafel, auf die jeder schreiben kann, was ihm an dem Laden mißfällt. Eine der ersten Eintragungen: »Im Bremer Zoo herrscht große Freude / Der alte Schießhund hat die Räude.«

»Was heißt das!« begehrt Chefredakteur Zirfeld, ein gebürtiger Bremer, zu wissen, »Wer will mir da eine Räude andichten?« Der Schuldige ist schnell gefunden, es ist unser Geschäftsführender Dichter Alias Bernstein. Er wird zum ständigen WimS-Korrespondenten in Feuerland degradiert und darf fortan noch eine andere Funktion ausfüllen: Er wird allen eine Lehre sein.

**23. 4.** Ein kühner Plan wird Wirklichkeit: WimS erscheint ab sofort als einzige Zeitschrift des Kontinents auch in Lahmenschrift. Die Ausgabe, die unter Brüdern etwa 50 DM kostet, soll denen, die bisher immer abseits stehen mußten, das Gefühl geben, daß auch sie als Konsumenten ernst genommen werden. Es liegt an ihnen, das in sie gesetzte Vertrauen zu rechtfertigen.

**2. 5.** Ab heute übernimmt ein Herr Hals bei WimS den neugeschaffenen Posten des Werbeleiters. Seine ersten Worte lauten: »Meine Herren, hört mich an, ich bin der neue Werbemann ...« – »Ein guter Fang!«, freut sich Chefredakteur Zirfeld. »Ab morgen wird Herr Hals seine Werbekampagne beginnen. Erster Schwerpunkt: Wuppertal.«

Sollten Sie dort einen älteren Mann mit dem Schild »Lesen Sie WimS!« auf- und abgehen sehen, dann bestellen Sie ihm doch bitte einen schönen Gruß von uns.

**11. 5.** Sorgen bereiten uns zunehmend diejenigen Leserbriefe, die sich allzu unkritisch mit unserer Arbeit befassen.

»Las erst die Bibel, dann WimS, finde, daß die Bibel abfällt«, schreibt uns Herr K. aus M.

»Seit den Merseburger Zaubersprüchen zeigen Ihre Beiträge das erste Mal wieder, zu welcher Schönheit das deutsche Wort fähig ist«, kabelte Frau N. aus D. Wir meinen, daß solche Lobsprüche etwas zu hoch gegriffen sind. Gegen Leserbriefe wie »Das Beste, was auf dem deutschen Zeitschriftenmarkt zur Zeit greifbar ist« oder »Die letzte Nummer war wieder einmal einsame Extra-Klasse« hätten wir jedoch nichts einzuwenden. Wer schreibt uns einmal in diesem Sinne?

**22. 5.** Beim Dämmerschoppen berichtet Bild-Redakteur Waechter ein Erlebnis, dessen heimlicher Zeuge er gewesen sei: Sein Telefon habe geklingelt, worauf sein Schäferhund im Glauben, sein Herrchen sei außer Hauses, an den Apparat gegangen sei. Darauf habe folgender Dialog begonnen: Der Schäferhund: »Wau, wau!« Der Gesprächsteilnehmer: »Wie bitte?« Der Schäferhund: »WAU, WAU!« Der Gesprächsteilnehmer: »Was?« Darauf der Schäferhund: »WAU, WAU! Wilhelm, Anton, Ullrich, Wilhelm, Anton Ullrich ...«

Chefredakteur Zirfeld ist ehrlich erstaunt: »Das darf doch wohl nicht wahr sein ...«

»Ist es auch nicht«, gibt Waechter kleinlaut zu, »ich bin selber an den Apparat gegangen ...« Und bevor ihn der

Aschenbecher Zirfelds trifft, macht er sich auch schon aus dem Staube, wie immer die Ohren flach angelegt, die Rute eingekniffen und mit weiten, raumgreifenden Sprüngen.

**3. 6.** Braungebrannt und zwanzig Pfund schwerer kehrt Reiseredakteur Bernstein von seiner letzten Recherche zurück: zwei Wochen lang hat er ein Rudel Wanderratten bei einer Tramptour durch den Margarinespeicher des Hamburger Hafens begleitet. Wie's denn gewesen sei? »Prima!«

Dieser Erfolg veranlaßt die Redaktionskonferenz, Bernstein bereits Ende dieser Woche erneut loszuschicken: 10 Tage lang wird er an den Wanderzügen der Maden teilnehmen. Einen schönen Arbeitstitel für diese Reportage hat unsere Überschriftenabteilung bereits erarbeitet: »Als Nomade im Speck«.

**15. 6.** Gernhardt, Geschäftsmachender WimS-Redakteur, schlägt auf der Elf-Uhr-Konferenz vor, stärker religiöse Themen zu berücksichtigen. Die Bildung unseres Volkes lasse auf diesem Gebiet sehr zu wünschen übrig, erklärt er und erzählt zur Veranschaulichung eine Geschichte, die ihm gestern zugetragen wurde:

»In der Schule sollen die Kinder ein Weihnachtsbild zeichnen. Der kleine Max malt Maria, Josef, den Heiland in der Krippe, Ochs, Esel und einen kleinen, runden lachenden Mann. Wer denn das sei, will die Lehrerin wissen.

»Das ist Owi«, erklärt der Piefke.

»Owi?«

»Ja, es heißt doch ›Stille Nacht, Heilige Nacht, Gottes Sohn, Owi lacht...«

Chefredakteur Zirfeld schweigt nachdenklich. Dann wendet er sich an Leihbischof Klamm: »Gernhardt hat recht. Bis morgen möchte ich alles Material über diesen Owi auf den Tisch haben, verstanden?«

»Verstanden«, nickt Klamm und das Redaktionsgespräch wendet sich wieder Frauen und Pferden zu.

**2. 7.** »Welchen Mißstand geißeln wir denn nun eigentlich im nächsten Heft?« – dieser monatliche Stoßseufzer wird wieder einmal während der 11-Uhr-Konferenz laut.

»Die Kommunikationsschwierigkeiten zwischen den Menschen«, schlägt Sitzredakteur Waechter vor und berichtet einen Fall, den er unlängst hintenrum erfahren hat: »Du, unser Nachbar gibt seiner Frau jeden Morgen einen Kuß, bevor er zur Arbeit geht«, sagt eine Ehefrau zu ihrem Gatten und fügt hinzu: »Warum tust du das denn eigentlich nicht?«

»Ich?« lautet die Antwort. »Aber ich kenne diese Frau doch kaum...«

Chefredakteur Zirfeld blickt überraschend ernst auf. »Er kennt diese Frau kaum, obwohl sie Nachbarn sind... Diese Fremdheit zwischen den Menschen ist doch kaum zu fassen!...« Und, zu unserem Gelegenheitsdichter Alias Bernstein gewendet: »Prangern Sie's an?« Bernstein nickt und kündigt zum 14. 7. einen schonungslosen Zweizeiler an.

**12. 7.** Chefredakteur Zirfeld geht wieder einmal auf Vortragstournee. Sein diesjähriges Thema: »Was wird aus Indien?«

»Was wird denn eigentlich aus Indien?« fragen wir ihn zwei Stunden vor der Abreise.

»Das wollte ich Sie gerade fragen«, lautet die Antwort. Doch niemand weiß es, und auch das rasch alarmierte Archiv kann nicht weiterhelfen. Sein einziger Beitrag zum Thema Indien besteht aus dem Gedicht: »Der Elefant aus Indien, der kann das Loch nicht findien.«

»Immerhin ein Anhaltspunkt«, freut sich Zirfeld und fügt hinzu: »Eigentlich ist diese allgemeine Unwissenheit doch ein schöner Beweis dafür, wie notwendig mein Vortrag ist.«

Die Redaktion nickt zustimmend. Doch ob auch Zirfelds Hörer so denken werden?

**20. 7.** Herr Pfanne, unser langjähriger militärischer Berater, verläßt uns. Mit ihm verlieren wir auch die Invasionsrechte für Helgoland, die Pfanne samt einer Studie über die Organisation des Nachschubs bei Rübezahl in seine neue Wirkungsstätte, den Verlag für Krieg und Hetze, einbringt. Schade.

**4. 8.** »Also, *das* muß ich euch erzählen« – wenn der Redaktionsbote Dr. Golz einen solchen Satz beginnt, kann man sicher sein, daß eine Geschichte nicht auf sich warten läßt. So auch diesmal, denn ohne abzuwarten fährt er fort: »›Sag mal, Vater, wo liegen denn die Bahamas?‹ fragt der kleine Fritz den Vater. ›Keine Ahnung, frag mal die Mutter, die räumt doch immer alles weg‹, lautet die Antwort...«

Ein längeres Schweigen folgt, dann räuspert sich Chefredakteur Zirfeld: »Sehr hübsch erzählt, Dr. Golz. Wirklich. Aber es muß natürlich Bermudas heißen und nicht Bahamas. Shorts kann man nämlich wegräumen, aber doch nicht Inseln!«

Betreten stiehlt sich Dr. Golz davon. »Pointenknicker« wird ihm noch nachgerufen – dann dreht sich das Gespräch wieder um die steigenden Frauenpreise.

**12. 8.** Die meisten Bücher, die heuer auf den Markt kommen, scheinen schon rein gar nichts zu taugen. Unser Bücherkritiker Waechter hat sie sich angesehen und in aller Schärfe als »Lyrik«, »Prosa«, »Tinnef« und »Satire« qualifiziert.

Bis auf ein Werk. Das Buch »Er schrie so trocken und gemein, wie hier noch nie ein Hirsch geschrien hatte« von Harald Walzer findet er dermaßen ausgezeichnet, daß er es im Herbst unter eigenem Namen herausbringen will. Das sei erlaubt – er habe sich das Werk nämlich geistig angeeignet und mit seinem geistigen Eigentum könne jeder machen, was er wolle – damit versucht Waechter, unsere Bedenken zu zerstreuen. Mag sein, daß er recht hat. Wahrscheinlicher ist, daß er mit solchen Praktiken noch einmal im Kittchen landen wird.

**18. 8.** Ein Mann kommt in die Redaktion, gibt sich als Gottes ältester Sohn aus und verlangt ein Bier, »aber nicht so heiß«, eine Bibel, »aber gefälligst die ungekürzte Fassung«, und eine Frau, »aber ein bißchen plötzlich«.

Was macht man in solchen Fällen? Wir haben den Herrn achtkantig hinausgeworfen. Und wie hätten Sie gehandelt? Schreiben Sie uns doch mal!

**2. 9.** Die Situation ist da. Während die gesamte WimS-Redaktion damit beschäftigt ist, ein schönes Heft auf die Beine zu stellen, bittet der Redaktionsbote Dr. Golz um Urlaub. Er möchte seine greise Braut noch einmal sehen: »Die macht es nicht mehr lange...«

»Nichts da!« entscheidet Chefredakteur Zirfeld. »Sie werden hier gebraucht. Gemeinnutz geht nun mal vor Eigennutz.«

»Und Gemeinsinn geht vor Eigensinn«, pflichtet der wortgewandte Gernhardt bei.

»So?« entgegnet Dr. Golz spitz. »Dann könnte man ja ebensogut behaupten ›Gemeinheit geht vor Eigenheit‹!«

»Geht sie auch«, kontert Zirfeld kühl und drückt Dr. Golz einen Doppelzentner Kurznachrichten in die Arme. Und der trollt sich zur Druckerei...

**11. 9.** »Also wenn es eine verabscheuenswerte menschliche Eigenschaft gibt, dann ist es der Wunsch, es jedermann recht zu machen« – so beginnt Leihbischof Klamm sein Wort zum Montag. »Mir ist da neulich etwas passiert...«

»Was denn?« fragt der geschäftsführende Dichter Alias Bernstein, als niemand dem Leihbischof beispringt.

»Also ich belausche zufällig drei Leute, die in meiner

Krypta vor dem Beichtstuhl stehen und höre, wie einer sagt: ›Dieser Beichtstuhl hat irgendwie eine teuflische Ähnlichkeit mit einem Flugzeug.‹

›Da haben Sie recht‹, entgegnet der Mittlere.

›Dieser Beichtstuhl soll wie ein Flugzeug aussehen?‹ erklärt darauf der Dritte. ›Das ist doch völlig falsch! Der sieht vielmehr aus wie ein Schiff.‹

›Genau, da haben Sie recht‹, sagt darauf der Mittlere.

Das ist der Moment, in dem ich mich einmische: ›Sie können doch nicht dem einen zustimmen, daß der Beichtstuhl wie ein Flugzeug aussieht und dem anderen, daß er einem Schiff gleicht. Das eine schließt das andere doch aus!‹

Und wissen Sie, was der Mann mir da sagt? ›Da haben Sie ganz recht...‹«

»Haben Sie doch auch«, erklärt Chefredakteur Zirfeld spontan. »Und der Mann hatte auch ganz recht, als er sagte, daß Sie ganz recht hätten. Hab ich nicht recht?«

Die Redaktion nickt, und mit einem eilig intonierten »Cave Mariam« versucht der Leihbischof die mißratene Andacht noch wenigstens halbwegs zu retten.

**18. 9.** Wir haben Pech. Auf unsere Anzeige »Anzeigenvertreter gesucht« meldet sich nur ein uraltes Männchen. »Leopold Bloom, Annoncenacquisiteur«, stellt er sich vor und legt als Referenz einen dickleibigen Wälzer vor, der »Ulysses« betitelt ist.

Personalchef Waechter läßt sich dadurch jedoch nicht beeindrucken. »No sea drivers wanted« erklärt er dem Greis und rät ihm, es doch lieber erst mal beim Suhrkamp-Verlag zu versuchen.

**28. 9.** Die Wahlnacht findet in der WimS-Redaktion besonders interessierte Beobachter: unsere demoskopische Abteilung. Sie hatte vor der Wahl einen repräsentativen Querschnitt von 2000 Kaffeesätzen analysiert und war zu folgendem Ergebnis gekommen: 351% für die CDU, 4000% für die SPD und 87% für die Gaullisten. Ihre Prognose: Hindenburg wird Bundeskanzler. Als die ersten Hochrechnungen eintreffen, gibt es dann freilich lange Gesichter: an den Voraussagen war so gut wie alles falsch. Noch in derselben Nacht feuert Zirfeld die gesamte Abteilung, die nun einem Angebot aus Allensbach Folge leisten will.

**9. 10.** Das Ressort »Landwirtschaft und Forsten« wird aufgelöst. Redakteur Waechter, der es bisher neben seinem eigentlichen Ressort »Jochen« treuhänderisch verwaltete, muß es wegen grundsätzlicher Meinungsverschiedenheiten abgeben. Zum Eklat kommt es, als er während der 11-Uhr-Konferenz das Thema »Flurbereinigung« vorschlägt.

»Welchen Bauern soll denn das hinter dem Ofen hervorlocken?« fragt Chefredakteur Zirfeld erregt. »Wie er seinen Korridor zu putzen hat, weiß er doch bei Gott selber!«

Die Redaktion ist derselben Meinung, und Waechter verläßt wortlos die Sitzung, um die neuentstandene Situation eingehend mit Jochen zu erörtern.

**24. 10.** Der Schwarze Tod wütet heuer aber auch gar zu schrecklich unter unserem Redaktionspersonal: hat er gestern noch eine blutjunge Sekretärin mitten in einer Hausmitteilung hinweggerafft, so läßt er heute seine unerbittliche Sanduhr auf unseren Chefkalfaktor herniedersausen, der gerade die Telefone lackiert. Und wer ist morgen dran?

Das stand bei Redaktionsschluß leider noch nicht fest, wir bitten unsere Leser daher um Verständnis dafür, daß wir auf diese Frage erst in unserer nächsten Ausgabe zurückkommen können.

**4. 12.** Große Aufregung im Grünen Chefzimmer: die gerade fertiggestellte Leseranalyse besagt, daß es in der Welt 20 Milliarden ständige WimS-Leser gibt.

»20 Milliarden?«, staunt Chefredakteur Zirfeld.

»Die Zahl mag Ihnen etwas hoch erscheinen«, entgegnet Dr. Wernher vom Institut für Meinungsmache. »Aber sie dürfen nicht vergessen, daß es ja allein 550 Millionen Inder gibt.«

»Ach so, ja, ja, das ist freilich etwas anderes«, räumt Zirfeld ein und will die Diskussion schon beenden, als F. W. Bernstein, ein gelernter Kopf- und Hochrechner, zu einem Einwand ansetzt: »Aber die gesamte Erdbev ...«

»Schnüß«, fährt ihm Zirfeld in die Parade. »Was hat denn die Erdbev mit unserer Leserzahl zu tun? Die lasse ich mir auf diese Weise jedenfalls nicht kaputtrecherchieren.«

Und da wird auch schon das Sektfaß hereingerollt und jede weitere Kritik im Keim ersäuft.

**2. 12.** Die Frühpost bringt ein trauriges Kärtlein: »Nach langem Leiden verstarb unser herzensguter Vater, Großvater, Duzbruder, Nennonkel und Ziehschwager Karl Senk. Alle ärztliche Hilfe war umsonst«, lesen wir auf einem geschmackvoll gestalteten Kärtchen. Nur unser Redaktionsbote Dr. Golz macht einen seltsam aufgekratzten Eindruck: »So einen Arzt suche ich schon lange – steht da nicht, wie er heißt?« fragt er ein ums andere Mal, worauf Bernstein ihn diskret zur Seite nimmt, um ihm klarzumachen, daß »umsonst« in diesem Fall wohl »vergeblich« heiße. Vergeblich. Noch am selben Nachmittag schnürt Dr. Golz sein Ränzel, um diesen Arzt – koste es, was es wolle – ausfindig zu machen.

**23. 12.** Eine Nachricht plumpst aus unserem Fernschreiber, die, nur unwesentlich manipuliert, folgenden Wortlaut hat: »Wenn alles schlecht geht, wird unser Vaterland von 1970 an um eine Monatsschrift reicher sein: Der sattsam bekannte Pils-Verlag will seine seit langem angedrohte Zeitschrift ›Die Welt am Zahltag‹ – kurz WAZ – herausbringen.

Zweck des Unternehmens: die Verführung der Leser zu ungezügeltem Konsum, seelischer Öde und geistiger Flachheit. Die Geldgeber: das westelbische Schlotbaronat, die Interessenvertretung westdeutscher Hintermänner sowie namhafte geheime Verführer.« Ende der Meldung.

Chefredakteur Zirfelds einziger Kommentar: »Leute, es wird ernst. Das scheint ein Unternehmen zu sein, das wir nicht scharf genug bekämpfen können. Aber bitte nur mit geistigen Waffen. Mit dem geschliffenen Wort und der spitzen Feder...« Und als er die enttäuschten Gesichter der Redaktion sieht, fügt er sibyllinisch hinzu: »Na, na, mit spitzen Federn soll man ja auch ganz schön werfen können...«

Und schon am nächsten Tag wird eine Zielscheibe gekauft und fleißig geübt – es ist schließlich nicht mehr lange hin bis 1970...

**2. 4.** In der Redaktion beginnen sich mehr und mehr kleine sprachliche Unsitten breitzumachen. Etwa die Angewohnheit »Zum Bleistift« statt »Zum Beispiel« zu sagen. Oder »Agamemnon« statt »angenommen«. Oder »Mpf« statt »Käsesahnetorte«. Jetzt will der Betriebsrat etwas dagegen unternehmen.

**13. 4.** Es geht um eine nichtalltägliche Aufgabe: das Deutsche Schirm-Institut hat alle WimS-Redakteure aufgefordert, sich an einer PR-Aktion für das schlechte Wetter zu beteiligen. Gesucht wurde ein knapper, einprägsamer Slogan. Und das sind einige der Ergebnisse:

»Wenn es gießt und pladdert / bin ich nicht verdattert / ich spanne auf meinen Schirm / dann mag es ruhig regnen Fäden von Zwirn« (Waechter).

»Welch ein enormer Segen / kann doch sein ein gutdurchwachsener Regen« (Bernstein).

»Ein Hoch dem Tief« (Gernhardt).
Wer wohl das Rennen machen wird?

**10. 4.** Die Redaktion atmet auf und das mit Grund. Wochenlang hatte uns ein Wandschrank im grünen Chefzimmer terrorisiert, aus dem schaurige, langgezogene Töne drangen. Jetzt öffnete ihn Frau Küsel durch einen Zufall, und wer beschreibt unser Erstaunen – am besten wohl wir selber –, als wir in dem Schrank einen kleinen Mann in modisch geschnittenen Hängehosen entdeckten, der langgezogene, schaurige Töne von sich gab und behauptete, ein verzauberter Frosch zu sein, den nur der Kuß eines jungfräulichen Büroboten in seine ursprüngliche Gestalt zurückverwandeln könne. Sofort wurde Dr. Golz herbeigerufen, der den Schreihals denn auch sogleich überführte: statt in einen Frosch verwandelte er sich in einen wunderschönen Königssohn und erwartet nun seinen Prozeß wegen erschlichener Hilfeleistung, falscher Aussage und widernatürlichen Krachs.

**10. 5.** Heut' ist Jubiläum. Denn heute jährt sich zum zehnten Male der Tag, an dem der Redaktionsbote Dr. Golz vor Chefredakteur Zirfeld trat und sprach: »Noch etwas, Herr Zirfeld, geben Sie doch bitte Gedankenfreiheit!«

»So, so«, hatte Zirfeld gebrummelt, »Gedankenfreiheit will er, er Hundsfott? Was denn noch alles?« und brüsk hatte er sich wieder meinem Calvados zugewandt.

Tags darauf versuchte es der langjährige Ehrenkapitän der WimS-Redaktion Rainer Löhr, der Zirfeld zufällig beim Staubsaugerkaufen abfing. »Also, was ist nun mit der Gedankenfreiheit?« fragte er seinen alten Friedenskameraden geradeheraus.

»Gedankenfreiheit, Gedankenfreiheit!« erwiderte Zirfeld aufgebracht. »Was denken sich die Kerls eigentlich?«

So ging's also auch nicht.

Erst unserem Alterspräsidenten Wurach gelang es durch einen Kunstgriff – er schlug bewußt gelockerte Töne an: »Bruder Zirfeld, Prösterchen! Mensch, altes Haus, laß' den Jung's doch ihre Gedankenfreiheit. Ansonsten sind die doch in Ordnung – Prost auch!«

Und siehe: Noch in derselben Nacht erging Zirfelds Erlaß. Jedem WimS-Redakteur, der mindestens drei Jahre dem Betrieb treu und gedankenlos gedient hatte, wurde Gedankenfreiheit erteilt. Vorerst für 14 Tage auf Probe. Volontäre und Aushilfsherausgeber aber erhielten etwas Meinungsfreiheit und einen arbeitsfreien Sonntag im Quartal.

»Mensch ham wir da gedacht!« schloß Dr. Golz unweigerlich seinen Bericht über diese historischen Tage. So auch heut bei der Jubiläumsfeier. Und wie stets bei solchen öffentlichen Auftritten macht er sich verlegen an seinem Halseisen zu schaffen...

**2. 6.** Konferenz im grünen Chefzimmer. Leihbischof Klamm berichtet ein Erlebnis seiner gerade eingeschulten Nenntochter: »›Wie heißt du?‹ fragt die neue Lehrerin einen der Schüler. ›Hannes.‹

›Das heißt nicht Hannes, das heißt Johannes‹, versetzt die Lehrerin und wendet sich an einen anderen Schüler: ›Und wie heißt du?‹ ›Achim.‹

›Das heißt nicht Achim, sondern Joachim‹, sagt die Lehrerin. ›Und wie heißt du?‹ fragt sie einen dritten Schüler. Antwort des Schülers: ›Jokurt.‹«

Diese Geschichte löst Diskussionen aus, die nicht so bald verstummen wollen. Allgemein wird das Verhalten der Lehrerin gerügt: »Dann müßte es ja auch ›Jonathan der Weise‹ heißen«, gibt Chefredakteur Zirfeld zu bedenken und folgert: »Die Vorsilbe Jo hat keine Funktion und kann daher bei Vornamen getrost wegfallen.«

Beifall von allen Seiten, der nur durch den Einwand eines vorwitzigen Jungredakteurs unterbrochen wird: »Obwohl ßt ein origineller und einprägsamer Name sein mag, möchte ich trotzdem dafür plädieren, die bisherige Form Jobst...«

Doch da trifft ihn schon der Aschenbecher Zirfelds, ein Argument, das schon häufig die Besserwisser verstummen ließ. Und so auch diesmal.

**19. 6.** Zu einer unschönen Szene kommt es im Beissel-Eck, einem Lokal, in dem die Redaktion gewöhnlich zu Mittag ißt.

»Bringen Sie mir das, was der Herr dort drüben ißt«, bestellt Waechter. »Gern«, erwidert der Ober, »bloß, ich fürchte, daß er es sich nicht wegnehmen lassen wird.«

Stumm verläßt Waechter das Lokal und arbeitet seither an einem satirischen Schmäh- und Spottgedicht, das er demnächst auf allen öffentlichen Plätzen vorlesen will. Sein Arbeitstitel: »Der patzige Ober vom Beissel-Eck.«

**22. 8.** Elf-Uhr-Konferenz. Chefredakteur Zirfeld berichtet über einen Plan, von dem sich die Bundesregierung eine konjunkturdämpfende Wirkung erhofft: Die letzte Augustwoche soll zur »Woche der Knauserigkeit« erklärt werden und mit größtem propagandistischem Aufwand in der gesamten Bundesrepublik zu Konsumverzicht und erhöhter Spartätigkeit aufrufen.

Der Plan will keinem so recht gefallen. Am schärfsten aber wendet sich Leibbischof Klamm gegen ihn: »Den Knauser zum Vorbild machen – wo gibt's denn so was?!« poltert er los. »Als ob es nicht schon genug Vertreter dieses Schlages gibt! Wenn ich da an mein Erlebnis von neulich denke...«

»Was war denn da?«

»Da beobachtete ich eine sehr, sehr typische Szene: Ein Herr geht an einem Bettler vorbei, der ihm einen Hut hinhält und ›Bitte‹ sagt. Und was tut der Herr? Er nimmt den Hut und sagt ›Danke‹...«

»Und geht weiter?«

»Seelenruhig.«

»Ich denke, das genügt, um uns allen vor Augen zu führen, was es mit dieser Woche der Knauserigkeit auf sich hat«, sagt Zirfeld abschließend und öffnet sein Portemonnaie: »Hier ist übrigens noch ein Groschen für jeden. Weil doch das Betriebsfest ausfallen mußte. Legen Sie ihn in Lakritze an...«

Der Rest geht im Gejubel unter.

**3. 11.** Täglich erreichen uns ungezählte Meldungen, mit denen wir nicht viel anfangen können. Da ist etwa von einem Igel im Pfälzischen die Rede, der sich bei dem Versuch, dem Förster ein Bein zu stellen, den Fuß verstauchte. Oder man kabelt uns, daß unweit von Mannheim der Koks alle sei.

Was tun mit dem vielen Papier? Bei der Lösung dieses Problems soll uns ab jetzt unser neuangeschaffter sibirischer Reißwolf helfen. Noch sitzt er in der Ecke und schnurrt. Aber morgen muß er ran.

**20. 11.** Ein netter Zwischenfall im WimS-Layout: »Herr, mein Lineal krümelt!« beschwert sich Layouter Klopff beim Chef vom Dienst.

»Ihr Lineal? Welches Lineal denn?« bellt der zurück.

»Dies hier.«

»Sieht mir aber verdammt nach einer Salzstange aus!«

Und so war es auch – Klopff hatte sich ganz einfach vertan.

»Ach – deswegen waren die Linien auch so krubbelig!« lacht er erleichtert auf und stiftet die Salzstange spontan dem Seenotrettungsdienst. Die dort zuständigen Herren werden gebeten, sie so schnell wie möglich hier abzuholen, da sie schon etwas hart zu werden droht.

**24. 12.** Die Weihnachtsfeier endet mit einem Mißklang.

»Eine Frage gefällig?« meldet sich Leihbischof Klamm zu Wort und fährt fort: »Wie heißt der Bruder von Mao Tse Tung?«

Allgemeines Grübeln, darauf Klamm: »Hinrich.«

»Wieso denn Hinrich?«

»Nun: Hinrich Tung – verstehen Sie? Hinrich-Tung ...«

Das beifällige Nicken ist noch nicht verebbt, da will auch Redaktionsvolontär Stapp etwas sagen:

»Und wißt ihr, wie Mao Tse Tungs zweiter Bruder heißt? Gewaltanwen!«

»Gewaltanwen? Doch nicht etwa Gewaltanwen Tung?!« braust Zirfeld auf.

»Genau!« kontert Stapp. Ein Wink, und Zirfelds Schergen nehmen ihm die Weihnachtsgeschenke ab und befördern ihn etwas unsanft aus dem Raum. Denn wenn unser Chefredakteur etwas nicht leiden kann, dann sind es Kalauer zum Christfest.

**20. 1.** Chefreporter Pfaal (»Der rastende Reporter«) schneit in die Elf-Uhr-Konferenz herein. Er habe gerade im Zoo recherchiert und dabei etwas erlebt, das vielleicht eine story –

»Erzähl er«, unterbricht Chefredakteur Zirfeld knapp.

»Also da stand eine Dame nebst Sohn vor dem Nilpferd-Bassin und sagte: ›Schau mal, der Walfisch.‹

›Entschuldigen Sie mal, das ist kein Walfisch, das ist ein Nilpferd‹, unterbreche ich.

›Es ist ein Walfisch‹, gibt sie zurück.

In diesem Moment klettert das Nilpferd aus dem Bassin.

Ich: ›Na bitte. Es ist ein Nilpferd. Ein Walfisch kann nämlich nicht an Land klettern.‹

Darauf die Dame: ›Welch ein Unsinn! Sie seh'n doch, daß der Walfisch das kann!‹

Drauf ich: ...«

»Darauf Sie, darauf die Dame«, schneidet ihm Zirfeld

barsch das Wort ab. »Warum soll sich der Walfisch nicht auch mal die Füße vertreten wollen?«

Und dann beginnt er eine weitschweifige Geschichte, die davon handelt, wie er einmal einem Walfisch einen Dorn aus der Pratze gezogen, worauf sich der mit einem Tritt in den Hintern revanchiert habe, der ihm manchmal noch heute ... Doch da stürzt gottlob Korrektor Frick herein und fragt, ob man Chicago mit weichem oder hartem Sch schreibt – ein Thema, das bald unter lautem Hurra in ein allgemeines Knobeln ausartet.

**12. 2.** Die international begehrte Auszeichnung »Top-Journalist«, die das Institut für Meinungsmache in Egelsbach alljährlich verleiht, wurde diesmal zwei Mitgliedern unserer Redaktion zuerkannt. F. W. Bernstein erhielt sie für seinen Report »Deutschland, deine Fahrstühle«, der als erster das Problem der Liftverschmutzung aufgriff; Chefredakteur Zirfeld wurde für seine Glosse »Lang lebe das ruhmreiche Institut für Meinungsmache in Egelsbach« ausgezeichnet.

**14. 2.** Übermorgen findet die Preisverleihung in Egelsbach statt, heute erhielten diejenigen Redaktionsmitglieder, die der Zeremonie beiwohnen werden, ihre neuen Halseisen. Sie geben der WimS-Ausgehmontur – modischer Blazer, Pepita-Käppi, schwarze Bundhosen und dunkelblauer Knebel – den letzten Schliff. Das bewundernde »Oje!«, mit dem die WimS-Redakteure bisher stets in der Öffentlichkeit begrüßt wurden, dürfte denn auch bei der Preisverleihung in Egelsbach nicht ausbleiben.

**8. 4.** Leihbischof Klamm fuchtelt während der Elf-Uhr-Konferenz derart auffällig mit seinem Kruzifix herum, daß Chefredakteur Zirfeld auf ihn aufmerksam wird: »Ja, mein Bischof?«

»Ich wüßt' ein Thema!«

»Und welches?«
»Die neuen Verkehrsregeln.«
»Ärger gehabt?«
»Und wie. Also neulich stoppt mich ein Polizist. Ich hätte die Fahrbahn gewechselt, ohne zu blinken ...«
»Und?«
»Dem habe ich es aber gegeben. ›Guter Mann‹, habe ich ihm gesagt, ›ich wechsele alles, ohne zu blinken – die Soutanen, die Frauen, das Geld, die Überzeugungen – wieso sollte ich da ausgerechnet bei der Fahrbahn eine Ausnahme machen? Entweder immer – oder gar nicht!‹«
»Logisch«, wirft Zirfeld ein.
»Und das Ergebnis?«
»Ordnungsstrafe!«
Der Chefredakteur fährt auf: »Das sollten wir geißeln! Aber wie? Schmähgedicht? Polemik? Enzyklika?«
»Hier wäre wohl eine Enzyklika fällig«, meint Klamm, »Ich werde die Jungs in meinem Ordinariat gleich auf das Thema ansetzen.«
Zirfeld nickt, und dann wird der nächste Punkt der Redaktionskonferenz in Angriff genommen: »Schenkelkraulen – pro und contra.«

5. 4. Korrektor Knorke, dessen weißliches Auge bisher jedes WimS-Manuskript prüfte, hat uns verlassen. Der gebürtige Plöner Analphabet wollte ursprünglich Autodidakt werden, die Weberaufstände verschlugen ihn jedoch in die WimS-Redaktion, wo er sich durch gußeiserne Chuzpe rasch einen Platz im gehobenen Management ergaunerte. Dort wütete sein Griffel, bis ihn eine allzu eigenmächtige Korrektur zu Fall brachte. Den Beginn einer Zirfeld-Glosse »Die Windsors, Englands eregierendes Fürstenhaus ...« modelte er ohne Rücksprache in: »Die Windsors, Englands eh regierendes Fürstenhaus ...« um, wodurch der Tenor der Glosse natürlich ganz entsetzlich verfälscht wurde. Nun

muß er gehen. Denn wenn einer nichts bei uns zu suchen hat, dann ist es der ganz entsetzliche Tenorverfälscher.

**21. 4.** Elf-Uhr-Konferenz. Nach einer langen Diskussion über den Änderungsantrag der Opposition zum Trägheitsgesetz tut etwas Entspannung gut: »Steh ich doch neulich in einem Schirmgeschäft«, beginnt Leihbischof Klamm augenzwinkernd, »als ein Mann seinen Schirm zur Reparatur bringt. ›Es is e klaa Löschelsche‹, sagt er, ›Un zwar uff de Seit, uff der mei Fraa imme läääft...‹« Ein allgemeines Grienen will sich ausbreiten, als Chefredakteur Zirfeld plötzlich aus seinem Heilschlaf aufschreckt: »Auf dieser Seite ist *mein* Schirm auch immer kaputt. Zufall, Schicksal – oder unbegreifliche Fügung?! Wer recherchiert das Thema einmal?« Und der Redaktionsalltag hat uns wieder...

**6. 5.** Ein alltäglicher Vorgang: Ein Artikel muß um drei Zeilen gekürzt werden, »Weil er sonst nicht reingeht« – so Zeilenzähler Horst Borgel. Der Autor verlegt sich aufs Feilschen: »Die Zeilen bleiben!«

»Drei Zeilen!«

»Ein Adjektiv, höchstens!«

»Drei Zeilen!«

»Gut, diesen Nebensatz...«

»Drei Zeilen!«

»Eine. Ist eh alles kaputt...«

»Drei!«

»Ok. So streich denn zu, Streichhyäne, amusische...«

Diesen Vorwurf mochte Borgel nicht auf sich sitzen lassen; er schaufelte ein halbes Fuder Stehsatz aus dem Fließtext und schuf damit Platz für die umstrittenen Zeilen. Bitte: »Köln, dieses Mammut unter den Rheinperlen, erkennbar von weitem schon an seinem saudummen Dom, der nur einen Vorteil hat, den, daß er nicht auf dem Müngersdorfer Stadion steht...«

Sagen Sie selbst – muß man so was lesen? Im restlichen Text mokiert sich der Autor übrigens darüber, was es wohl für einen Eindruck machen würde, wenn Overath seine steilen Pässe über das Kirchendach schlagen müßte, wenn Abstauber Rupp die Säulen des linken Mittelgangs im Alleingang stehen ließe wie einen Eimer kalten Wassers, wenn Torwart Manglitz auf den Altarstufen ins kurze Eck dackelte – genug. Sicher ist auch so jeder davon überzeugt, daß es ein rechter Segen ist, daß der Kölner Dom dort steht, wo er steht, und nicht im Stadion. Ein Zuspiel Thielen – Capellmann – und schon wäre ein gotisches Glasfenster kaputt. Oder eine wunderschöne Säulenhalle. Nein, nein, der Dom soll gefälligst am Bahnhof bleiben. Wenn da mal der Orient-Express mit kreischenden Bremsen knapp vor dem Taufbecken...

Doch das ist nicht unsere Sorge. Sollen sich die Verantwortlichen darum kümmern. Wir nicht. Zirfeld hat's verboten.

**6. 6.** WimS-Wandertag. Nachdem ihr die Erstbesteigung des »Gasthaus zum Hirschen« durch die Nordwand geglückt ist, rastet die WimS-Mannschaft im Gästezimmer. Dabei kommt es zu einem Zwischenfall.

»Herr Ober, haben Sie Froschschenkel?« fragt Leihbischof Klamm den dienstbaren Geist.

»Nein, Hochwürden, ich laufe immer so«, entgegnet der.

Peinliches Schweigen, das Chefredakteur Zirfeld zu überspielen sucht, indem er dem Ober zwei Mark in die Hand drückt: »Leisten Sie sich mal einen ordentlichen Schlag Wasserflöhe...« Und dem Beschenkten treten doch tatsächlich Tränen in die Glubschaugen! Unvergeßlich!

**14. 6.** Elf-Uhr-Konferenz. Der Redaktionsbote Dr. Golz macht den Vorschlag, doch einmal etwas über das traurige Schicksal der Einzelzimmer zu schreiben, die nie ein Leben in fröhlicher Gemeinschaft mit anderen Zim... Doch da ertönt das Vesperläuten und rettet Golz vor der sicheren Knebelung wegen Kalauerei im Dienst. Kommentar des enttäuschten Chefknebelers Focus: »Golz der Teufel!«

**25. 8.** Elf-Uhr-Konferenz. Leihbischof Klamm kommt zwei Tage zu spät. Seine Entschuldigung: Besuch beim Augenarzt. Sein Gesichtsausdruck: Aufgedunsen. Was war geschehen?

Klamm: »Also ich komm' rein, will gerade meine Brille abnehmen, da fragt mich doch dieser saubere Äskulapjünger: ›Ist die alte nicht mehr scharf genug?‹«

»Na und?«

»Den habe ich vielleicht zusammengestaucht: ›Meine Frau steht hier überhaupt nicht zur Debatte‹, habe ich gesagt, ›ich will eine neue Brille!‹«

»Ach Quak!« schreit da Zirfeld begütigend. »Tischen Sie uns doch nicht solch uralte Geschichten auf! Wo waren Sie wirklich, mein Bischof?«

Und nun erst gesteht Klamm, daß er den Dankgottesdienst zur Centenarfeier des Mersedorfer Freudenhauses zu zelebrieren hatte. Und das, ohne uns ein Wort davon zu verraten! Ist das nicht ein sauberer Hirte, der zur Tränke stiefelt, ohne seine Schäfchen mitzunehmen?

**14. 8.** Anläßlich des siebenjährigen Bestehens von WimS – die erste Ausgabe erschien im September 64, wann denn sonst? – soll in der Redaktion eine neue Hackordnung in Kraft treten. Sie sieht in groben Zügen vor, daß nicht mehr nur die Oberen auf den Unteren, sondern auch die Unteren aufeinander herumhacken dürfen. Das Runterputzen, Bemäkeln und Zusammenscheißen soll jedoch auch in Zukunft der Geschäftsleitung vorbehalten bleiben. »Weil die Chefs schließlich auch eine kleine Freude haben müssen«, wie Chefredakteur Zirfeld in der Präambel zur neuen Hackordnung so richtig bemerkt.

# II

„Das sei euch kundgetan
und lasset meine Worte zu
euren Ohren eingehen!"
Petrus in „Apostelgeschichte 2, 14"

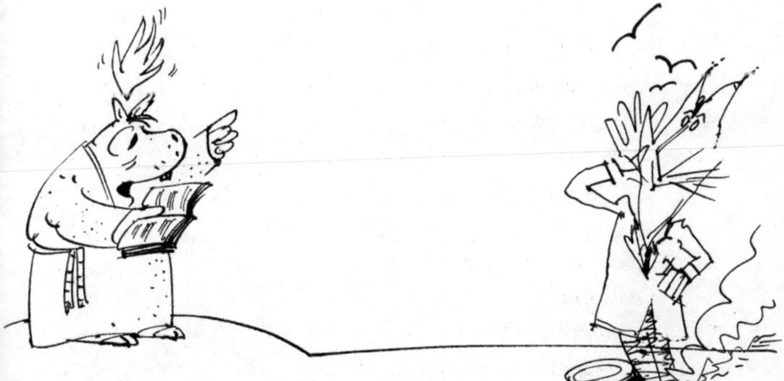

## *Warum feiern wir eigentlich Weihnachten?*

*Der folgende Text ist das nur unwesentlich entstellte Protokoll einer Diskussion, die in der Nacht vom 2. auf den 14. November im großen Sitzungssaal des Bonner WimS-Buildings stattfand. Teilnehmer waren die Herren Urbi und Orbi, Frau Frieda, sowie Leibbischof Klamm als Gesprächsleiter.*

KLAMM Weihnachten steht vor der Tür...
DIE ANDEREN Was? Müssen wir sehen! Vor der rechten oder vor der linken?
KLAMM War doch nur metaphorisch gemeint...

*Allgemeine Enttäuschung, dann wirft Herr Urbi ein, letztes Jahr sei schon mal Weihnachten gewesen. Und vorletztes Jahr auch, ereifert sich Frau Frieda. Und das sei doch eine merkwürdige Kontinuität, sagt Herr Orbi, direkt unheimlich sei das, er wolle nach Hause, ihn grusele...*

KLAMM Hiergeblieben! Fragen wir uns lieber, wieso das so ist! Warum feiern wir denn jedes Jahr Weihnachten?

*Vermutungen werden laut. Das sei der Kampftag der Arbeitgeberklasse, orakelt Herr Orbi; nein, kreischt Frau Frieda, da spiele die Religionsgeschichte mit rein...*

KLAMM Die Religion? Ehrlich?

*...doch dann hat Herr Urbi eine heiße Fährte...*

URBI Am Anfang war die Geschichte mit Maria und Josef!
FRAU FRIEDA Genau! Die sind doch seinerzeit aus dem Paradies geflogen, weil Maria in die Schlange gebissen hat.
URBI Jawohl! Und da hat sich der Adam nackt ausgezogen und geschrien »Raus hier!«
FRAU FRIEDA Worauf Maria den Josef erschlug.
KLAMM Erschlug? Wie schrecklich!
URBI Ganz furchtbar! Der erste Brudermord...

*Aber da habe doch ein Apfel die Hauptrolle gespielt, gibt Herr Orbi zu bedenken...*

KLAMM Welcher Apfel?

*Der, der seinerzeit den heiligen drei Königen geweissagt worden sei: »Und ihr werdet finden den Apfel in Windeln gelegt und in eine Krippe gewickelt« – den Apfel meine er. Ach Unfug, nuschelt Herr Urbi dazwischen, nun erinnere er sich: Nicht Maria habe den Josef, sondern Adam habe die beiden erschlagen wollen, falls sie sich noch einmal umdrehen sollten …*

Klamm Erschlagen? Schon wieder?

*Nicht erschlagen, erstarren, krakeelt nun Frau Frieda, Adam habe den beiden gedroht, sie würden zu einem Bratapfel erstarren, falls sie sich noch einmal umdrehten …*

Urbi Nicht Bratapfel! Salzstange!

Orbi Jawohl! Und die Maria drehte sich trotzdem um, und da fing es auch schon an, zu regnen

Urbi Vierzig Tage lang

Klamm So lange? Wie schrecklich!

Orbi Und es hätte noch länger geregnet, wenn nicht Daniel in der Magengrube

Urbi Mövengrube

*Aber das führe ja alles nicht weiter, heult nun Frau Frieda, es sei doch alles ganz anders gewesen, Abraham und Bebraham hätten nämlich gewettet, wer am schnellsten seinen Sohn opfern könne, und Abraham habe den Schiedsrichter Herodes …*

Klamm Herodes? Wer ist denn das schon wieder?

*…Herodes, den Förderer des bethlehemitischen Kindersports, bestochen …*

Urbi Mit einem Salzapfel

Orbi Mit einer Bratstange

*…was doch egal sei, greint Frau Frieda, der Wettkampf habe ja gar nicht stattfinden können …*

Urbi Wegen Regens

*…jawohl, der Platz sei ja unbespielbar gewesen und deshalb habe das Krippenspiel im Stall stattfinden müssen …*

Urbi Völlig regelwidrig

Klamm Und wegen all dieser ollen Kamellen feiern wir heute Weihnachten?

ORBI Wieso denn nicht? Den 17. Juni feiern wir doch schließlich auch!

*Aber das sei doch ein ganz klarer Fall, der 17. Juni, wird nun von allen Seiten dazwischen geredet, an diesem Tage habe schließlich vor 200 Jahren das Türkenheer unter Karl Martell bei Waterloo die Berliner Bastille vor den Mongolen gerettet, das sei ein Grund zum Feiern, aber Weihnachten ...*

URBI Vielleicht ist das Weihnachtsfest nur so eine Art Erinnerung.

ORBI Woran?

URBI An Weihnachten. So, wie das Reformationsfest. Da ist ja dann auch nicht Reformation. Sondern es war mal Reformation, damals, als Luther die 99 Besen an die Schloßküche zu Frittenberg genagelt hat.

FRAU FRIEDA Aber dann gibt es ja gar kein Weihnachten mehr, wenn ich Ihre Parallele richtig verstehe!

*So sei es, meint Herr Urbi, Reformation gebe es ja auch nicht mehr. Dann sei ja alles bestens, strahlt Herr Orbi, dann entfalle ja der Grund, weiter zu diskutieren, ob der Herr Diskussionsleiter nicht so freundlich sein könne, die Diskussion abzubrechen ...*

KLAMM Die Diskussion? Welche Diskussion denn? Wurde hier etwa diskutiert? Mein Gott, wie peinlich! rg/pk/be

## *Pilsator meint*

*In den folgenden Glossen gibt unser Kolumnist die Meinung der Redaktion wieder. Sie deckt sich nicht immer mit seiner eigenen.*

### LOB DES BEGINNENS

»Beginnen« – wieviel Anfang steckt in diesem Worte! Und wie hell und zukunftsträchtig klingt es neben dem dumpfen »Aufhören«! Das Beginnen zählt denn auch zu den wichtigsten menschlichen Tätigkeiten überhaupt. Nichts anderes meint der Dichter Schiller, wenn er irgendwo in den »Räubern« sagt: »Der Knabe Karl beginnt mir fürchterlich zu werden.« Bevor er ihm fürchterlich war, mußte der Knabe Karl erstmal damit *beginnen,* es ihm zu werden – ohne letzteres wäre das erstere nicht denkbar.

Und auch die Religionen haben das Beginnen immer ganz vorneweg gesetzt. So heißt es beispielsweise in der Bibel sehr richtig: »Am Anfang schuf Gott Himmel und Erde«, und nicht etwa: »Zum Schluß schusterte Gott noch schnell Himmel und Erde zusammen« – selbst Gott begann also mit dem Beginnen.

Was lernen wir daraus? Vielleicht dies: Wenn man etwas nicht beginnt, dann kann's ganz einfach nichts werden. Und das gilt nicht nur für Himmel und Erde oder den Knaben Karl, sondern auch für fast alle anderen Dinge. Selbst für Opern, ja sogar für die »Zauberflöte«, die es heute noch nicht gäbe, wenn Mozart sich nicht an einem nebligen Novembertage mit den Worten »Heute beginne ich aber endlich meine Zauberflöte« auf sein Klavier gesetzt hätte.

Hat diese Tätigkeit, der wir alle so viel Schönes verdanken, nicht eine kleine Ehrung verdient? Darum jetzt alle, drei, vier: »Das Beginnen, es lebe fünf, sechs – äh: hoch!«

## ACH JA, DIE WINZERFESTE

Als ich neulich abends einen Teil meiner Bibliothek verbrannte, um auf dem Regal Platz für ein Metermaß zu schaffen, das mir eine liebe, liebe Freundin während ihrer Stillzeit geschnitzt hatte – bei diesem Anlaß also fielen mir wieder einmal die »Winzerlieder« in die Hände, jener schmale Gedichtband meines Freundes Hebauf, der vielleicht leichter wiegt als so mancher dickleibige Roman.

Ich blätterte und las. Las erst flüchtig, dann immer flüchtiger und schließlich das hier:

Wenn abends nach dem Winzerfest
Der Winzer von der Winz'rin läßt
Bleibt doch das Bild der Winzerin
Tief in dem Herz des Winzers drin.

Ja, so waren sie, die Winzerfeste von anno Tobak.

Nehmen wir nur einmal das Jahr 1912. Ringsherum ruht Europa in tiefstem Frieden, auf dem Marktplatz von Kröv aber ist der Teufel los. Gerade hat der Stadtrat unter Ausschluß von zwölf vereidigten Sachverständigen den neuen Wein zusammengepanscht, da wird dieses Ereignis auch schon wie wild begossen. »Prost!« schallt es von links und »Hussa He!« von schräg rechts und »Herr Ober!« von allenthalben – und so geht es bis spät in die Nacht. Laut, aber sauber.

Oder Traben-Trarbach, 1917: Fahnen, wohin man schaut. Strahlende Gesichter. Durch einen Gnadenerlaß der Pfälzer Räteregierung sind soeben alle Faßweine zu Flaschenweinen befördert worden. Exbischof Wendel hat es sich nicht nehmen lassen, eigenhändig die Dankprozession anzuführen. Und anschließend trifft sich alles unter dem eilig zusammengezimmerten Nottresen – mit seinen 700 Metern ist er der längste seit dem Richtfest des Matterhorns –, der edle Schlaubensaft fließt in Strömen und unter Necken, Trinken und Zwacken vergeht die Zeit wie im Fluche.

So war's damals. Und heute? Woran liegt es, daß auf den

Winzerfesten von heute keine echte Fröhlichkeit mehr aufkommen kann? Weil den heutigen Menschen die Liebe fehlt. Die Liebe zum gediegenen Rausch, zum gepflegten Krach und zur angestammten Heimat.

Daran liegt es. Und erst in zweiter Linie an anderen, wenn auch ungleich wichtigeren Faktoren.

Die *Liebe* fehlt...

## HUDELN SIE DOCH MAL!

Gelobt wird heute noch wie eh und je: »Die Bilanz ist ja recht geschmackvoll verschleiert, mein lieber Buchhalter, da hast' ein Zucki und nun schleich dich!« – solche Worte kann man immer wieder hören. Und auch so was: »Gott, der Gerechte!« Ja, loben kann jeder. Aber wer von uns kann noch wirklich lobhudeln?

Die Alten konnten es: »Und es wird einer kommen, dessen Name ist Friedereich, Stetsgerecht, Pflegeleicht, Nimmersatt, und er wird thronen, zu richten die Völker« – so sprachen sie von dem da oben. Sie lobten ihn nicht nur, sie lobhudelten ihm. Und sie fuhren nicht schlecht dabei.

Einmal – ich war damals noch ein blutjunger Geheimagent – wurde ich Zeuge der folgenden Szene: Einer meiner Kollegen, der am Abend zuvor beim Geheimdienstchef eingeladen gewesen war, begrüßte ihn am nächsten Morgen mit den Worten: »Kompliment, Herr Chef, Ihre Gattin haben wirklich einen Hintern, der imstande ist, in einem Mann die tausend Teufel der Wollust lostoben zu lassen!« Das war natürlich übertrieben, mehr als ein, zwei Teufel hätte ich der Dame nie gegeben, doch die Lobhudelei zog: Mein Kollege wurde noch am selben Abend in das ödeste Feuerland versetzt, wo er seitdem die Araukaner aushorchen muß und darauf zu achten hat, daß das Kap Horn nicht wegkommt.

Oder nehmen wir Kaiser Wilhelm. Als ihm von seinem Adjutanten berichtet wurde, daß der erste Weltkrieg nach

Verlängerung verloren gegangen sei, sagte er nicht etwa: »Sauerei!« oder »So eine Sauerei!« sondern: »Das ist ja eine *schöne* Sauerei!« Diese kleine Schmeichelei honorierte das Volk, das ihm den Krieg verloren hatte, fürstlich: Dem Kaiser hat es bis zu seinem Abgang an nichts mehr gemangelt.

Was ich meine, ist ganz einfach dies: Das Lob kann man nun mal hudeln, im Gegensatz zum Tadel, bei dem das nicht möglich ist. Na dann: Hudeln Sie doch mal!

## LANDJUGEND, LANDJUGEND!

Neulich bat ich einen Jungbauern, seine Kuh zu beißen. Seine abwehrende Antwort: »Und was geschieht, wenn die Kuh zurückbeißt?«

Diese Entgegnung wirft ein bezeichnendes Licht auf eine Erscheinung, die immer stärker ins Auge fällt. Ich meine die mangelnde Risikobereitschaft der Landjugend.

Früher war es noch eine Selbstverständlichkeit, daß der Jungbauer ohne Fisimatenten auf die Jungbäuerin stieg. Stürzte er ab, stürzte er halt ab. »Kismet«, wie die Halligbauern sagen. Heute sind Netz, Hilfestellung und die päpstliche Erlaubnis, Sicherheitsgurte anzulegen, eine Selbstverständlichkeit. Sie wagt nichts mehr, diese Landjugend, sie wagt nichts mehr.

Alte Bauern erinnern sich noch, wie sie die Feldmaus in ihrem Bau aufstöberten und mit dem bloßen Spieß erwürgten. Ihre Kinder knallen das braune Wild vom Hubschrauber aus ab, nachdem zuvor Einheiten des Bundesgrenzschutzes ... – traurig, traurig, traurig.

Oder nehmen wir die Hagelversicherung. Der Hagel galt seinerzeit als Geschenk Gottes. Ging er kaputt, dann sprach der Bauer säuerlich: »Die Sache ist bedäuerlich«, und der Fall hatte sich. Heute dagegen ... Ich sage nur »Hagelversicherung«. Das sagt doch alles.

Nur soviel noch: In seinem sehr lesenswerten Buch »Was ich bei der Ernte lernte« beschreibt der Einödbauer Bärlapp, was er bei der Ernte lernte. Das nämlich: »Nur der Himmel, der besternte / Weiß, was ich bei der Ernte lernte...« Heute wäre ein solcher Ausspruch undenkbar. Die ernten ja nicht mehr, die Jungbauern. Die trauen sich ja nicht mehr auf die Felder. Es könnte ihnen ja ein aufgeschreckter Kartoffelkäfer links und rechts eine reinsemmeln.

Ich meine: Er hätte gar nicht so unrecht.

## ARMES DEUTSCHLAND!

Ich schlage den Gedichtband eines jungen deutschen Poeten auf und lese die Zeilen: »Ich betrachte sehr relaxed / Was da in dem Garten wächst...« – ist das nicht perhorreszierend?

Was?

Na das: die deutsche Sprache überfremdet von Tag zu Tag mehr. Nehmen wir nur den Verfall der ung-Endungen. Immer seltener trifft man sie, die gute alte ung-Endung, immer dreister macht sich das anglo-amerikanische Engungs-ing in unserem Sprachraum breit.

Zwar sagt man noch Familienplanung, doch schon steht das Aquaplaning gleichberechtigt daneben. Wann wird es Familienplaning heißen?

Es ist nur eine Frage der Zeit. »Marketing«, »Meeting«, »Petting« – über die Geschäfts- und Werbesprache dringt das ing unaufhaltsam vor. »Ich arbeite jetzt für einen Lesering«, sagte mir ein Freund neulich; kein Wunder in einer Zeit, da man es sich angewöhnt hat, von »Binding«-Bier und »Ming«-Dynastie zu sprechen, als ob das das Selbstverständlichste von der Welt wäre.

Ist es aber nicht. Im Gegenteil. Es ist eine sehr, sehr beunruhigende Entwickling.

## BUCH ODER SEGEN?

Wie finden Sie das? Sie betreten eine Buchhandlung, wo Sie der Buchhändler mit den Worten empfängt: »Steck dir ein Buch von Hesse ein / Sonst schlag ich dir die Fresse ein!«

Das gibt es nicht? Das gibt es. Hard-selling heißt die neueste Werbemasche, und immer mehr Buchhändler schwören auf sie.

»Einen auf die Backen oder / Du kaufst ein Buch von Wackenroder« – so versuchte man mir unlängst in Celle einen der sattsam bekannten Ladenhüter des Frühromantikers schmackhaft zu machen. Ich kaufte – was hätte ich auch angesichts des starken Buchhändlers anders tun sollen?

Ein Leser wiederum berichtet, daß ihn ein Buchhändler in Künzelsau vor die Alternative gestellt habe: »Kaufst du heut nicht Thomas Mann / Sind morgen deine Omas dran« – was hat das noch mit seriöser Werbung zu tun?

Das dollste jedoch passierte einem Freund von mir, der in einer Hamburger Buchhandlung mit den Worten empfangen wurde: »Kauf mir den neuen Simmel ab / Sonst schneid ich dir den –«

Aber genug. So viel sollte ja wohl bereits allen Kulturfreunden klargeworden sein: So geht's nicht. Und anders schon gar nicht.

## NAMEN EST AMEN

Haben wir uns eigentlich schon mal – so, wie wir hier sitzen – nein? Na, dann woll'n wir aber schleunigst:

Wieviel Glanz und Flitter verbindet sich nicht meist mit den Namen ausländischer Filmgrößen! Aber was bedeuten sie eigentlich, wenn wir sie in unsere Muttersprache übersetzen? Haben Sie dieses amüsante Spiel schon einmal betrieben?

Doris Day entpuppt sich da als Doris Tag, Elizabeth Taylor als Elisabeth Schneider und Billie Holiday als Wilhelmina Ferien. Klingt schon vertrauter, wie? Aber wußten Sie auch, daß Maurice Chevalier zu gut deutsch Moritz Reiter, Jane Mansfield Johanna Männerfeld und Glenn Ford Jens Opel heißen? Daß James Stewart gar »Johannes Kellner«, Stewart Granger »Kellner Fremder« und Sidney

Poitier »Siegfried Pförtner« bedeuten? Ja? Dann wird es Sie auch kaum überraschen, daß Gary Cooper hierzulande als Gerold Kupfer herumgelaufen wäre, während im Paß von Marilyn Monroe »Hans-Dieter Munzenberger« gestanden hätte.

Doch so belustigend das alles ist, wir dürfen darüber nie vergessen, daß beispielsweise Johann Wolfgang von Goethe auf englisch schlicht und einfach John William from Shakespeare geheißen hätte – eine wahrhaft schauerliche Vorstellung.

rg

## *»Länglich wie eine Nudel«*

Um unser Publikum für Geld mit guten Worten zu versorgen, tun wir alles Mögliche. Und da wir zu wissen glauben, daß unsere Leser noch offen sind für das Gespräch, wollen wir diese Marktlücke nützen und bringen prompt unser WimS-Gespräch. Was es damit auf sich hat, erklärt Ihnen der zuständige Abteilungsdirektor Distel. Bitteschön, Herr Distel!

»Dankeschön, Herr Schmauz. Tscha, liebe Leserinnen – tscha, liebe Leser: Unser WimS-Gespräch. Nun, das ist im Grunde ganz einfach. Wir planen das Gespräch. Es wird geklärt, wer und mit wem, nicht wahr?! Dann wird der Betreffende von unserm Mann informiert: So und so, Verehrtester, wir machen ein Gespräch mit Ihnen, dann und dann im Löwenstübchen. Wenn das also festgelegt ist, fangen die eigentlichen Schwierigkeiten erst an. Unser Mann geht hin und unterhält sich, locker, natürlich, von WimS zu Mensch. Und nicht zu schnell, denn immer ist Frau Küsel dabei, die hört mit. Am nächsten Tag schreibt sie den Text des Gesprächs ins Reine. 15 Durchschläge. Einen Durchschlag kriegt der Gesprächspartner, einen der Chefredakteur, einen das Bundespresseamt, einen die Bundespräsidialkanzlei, einen der Arbeitgeberverband, einen die Ritenkongregation, einen CDU und SPD und einen der CIA, der ja schließlich den ganzen Unfug bezahlt.

Alle, die einen Durchschlag erhalten haben, prüfen den Text, streichen hier was, streichen da was, fügen was hinzu – weiß der Teufel. Und machen endlich ihr Zeichen dran: genehmigt – einverstanden – sehr gut so! Wir sammeln den ganzen Plunder wieder ein und nun beginnt die Arbeit der Redaktion. Aus den genehmigten Durchschlägen wird das Gespräch zusammengeschustert, daß jeder der Beteiligten seine helle Freude dran hat. Das fertige Manuskript kriegt der Obersetzer in die Hand gedrückt: ›So, lieber Obersetzer: hier ist das WimS-Gespräch. Nimm es, zögere nicht und jage das Ding durch die Maschine, daß es nur so eine Art hat. Avanti, auf geht's, mach zu! Und hier ist noch ein Scheck für ein Bier oder zwei, aber mehr auch nicht! Verstanden?‹

Das übrige geht dann wie geschmiert. Und hier das Ergebnis: unser WimS-Gespräch. Ich danke Ihnen von Herzen für Ihre Aufmerksamkeit und verbleibe mit den herzlichsten Hintergedanken immer Ihr

Distel, Abteilungsdirektor«

Liebe Leserinnen und Leser: Sie haben eben gelesen, was Herr Distel freundlicherweise erklärt hat. Sie wissen nun Bescheid. Nun kommt das WimS-Gespräch. Unser Gesprächspartner war diesmal Herr Alphons Bauf. Wir müssen gestehen, es war eine Improvisation. Eigentlich nämlich hatten wir zu diesem WimS-Gespräch den Generalissimo Franco aus Madrid eingeladen. Aber der ließ sich entschuldigen. Er war faschismushalber verhindert. Schade. Aber wir finden, Herr Bauf hat seine Sache gut gemacht. Alphons Bauf ist Chefkellner im »Löwenstübchen« und zapft ein ganz ausgezeichnetes Pils. Mehr möchte ich aber noch nicht verraten. Hier also das Gespräch. Partner sind: Redakteur F. Zetel, Frankfurt, und Herr Alphons Bauf, Ulm-Böfingen.

Und nun sind wir alle ganz ruhig und lesen bedächtig Zeile für Zeile, damit wir uns nachher ein eigenes Urteil bilden können.

## DAS WIMS-GESPRÄCH ZWISCHEN F. ZETEL UND ALPHONS BAUF

ZETEL Guten Abend, Herr Bauf!
BAUF Guten Abend, Herr Zetel!
So zeitig schon da? Bierchen?
ZETEL Wie immer! Nicht zu heiß!
BAUF Bitteschön! Hier ist Ihr Bier!

Zetel *trinkt* Ah, das war's! Tja. Ziemlich dunkel heut abend, nicht?
Bauf Kann man wohl sagen! Und regnerisch!
Zetel Auch das noch! Wenn ich bedenke, wie das noch heut morgen ausgesehen hat...
Bauf Schrecklich! Und sonst, Meister – läuft der Laden?
Zetel Kann man wohl sagen! Bringen Sie noch eins, ich bitt' Sie!
Bauf *geht, zapft und kommt wieder* Hier ist Ihr Bier!
Zetel Sagen Sie mal, Herr Bauf – was sagen Sie zu Madagaskar?
Bauf Tja – das mußte wohl so kommen! Wenn Sie mich fragen: sieht bös aus! So nah an Afrika...
Zetel Und so länglich!
Bauf Länglich?
Zetel Länglich! Jawohl! Erst gestern hab ich in meinem Atlas geblättert und spontan zu meinem Schwager gesagt: »Schau dir mal dies Madagaskar an – teuflisch länglich! Wie eine Nudel!«
Bauf Nudel? Na... na...
Zetel Jawohl Nudel! Rein formal betrachtet natürlich. Wenn Sie's etwa mit Italien vergleichen...
Bauf Italien ähnelt einem Stiefel, nicht wahr?
Zetel Stiefel! Ich bitt' Sie! Stiefel! Das hat man mir auch schon erzählen wollen, damals vor Langemarck. Italien und ein Stiefel! Hören Sie: Italien hat zwei Könige gehabt, die hatten beide dicke Ohren und das Privileg vom Papst, die Nase mitten im Gesicht zu tragen und...
Bauf Und der Papst?
Zetel Was ich sagen wollte, Herr Bauf: in Hamburg sollen Sie einen geschnappt haben...
Bauf Schnipp – schnapp...
Zetel Sehr schön, Herr Bauf! Ich will Sie jetzt nicht länger aufhalten. Zahlen bitte – und vielen Dank für das Gespräch.
Bauf Auf Wiedersehen, Herr Zetel – und machen Sie sich

keine Sorge um Papst Paul – es wird schon werden! Bis bald... fwb

## »*Ratten nichts als Ratten*«

WimS Herr Putel, Sie haben unlängst die These aufgestellt, daß Mondrians Leistung hauptsächlich darin zu suchen sei, daß er in seinen Bildern radikal die Bisamratten weggelassen hat, die bis dahin das bevorzugte Thema der abendländischen Malerei gewesen seien. Wie kommen sie zu dieser Behauptung?

Putel Ganz einfach. Schaun Sie sich die Bilder Mondrians einmal unvoreingenommen an, und Sie werden feststellen: Ergebnis Fehlanzeige. Ich meine, falls Sie Bisamratten auf ihnen suchen. Schwarze Linien – ja. Aber keine Bisamratten.

WimS Zugegeben...

Putel Seh'n Sie? Seh'n Sie?

WimS Aber in der abendländischen Malerei vor Mondrian werden Sie ebenso vergeblich nach Bisamratten suchen. Nehmen Sie Rembrandt...

Putel Nein danke, ich rauche nicht.

WimS Wir meinten den Maler

Putel Ach den! Den alten Bisamrattenpinsler!

WimS Na hören Sie mal! In Rembrandts gesamtem Werk werden Sie keine einzige Bisamratte finden, Herr Putel!

Putel Und weshalb wurde er dann »der alte Bisamrattenpinsler« genannt? Hä?

WimS Wer hat ihn so genannt?

Putel Ich. Eben.

WimS Wir müssen wohl noch deutlicher werden, Herr Putel. Denken Sie an Raffael...

Putel Ungern.

WIMS Aber Raffael hat doch…
PUTEL Ach der! Ja! Ratten-Raffael, wie ja oft und gerne gesagt wird…
WIMS Auch von Ihnen?
PUTEL Ja. Ich glaube schon. Sagte ich nicht eben Ratten-Raffael!
WIMS Ja.
PUTEL Seh'n Sie? Und eben schon wieder. Also oft nenne ich den auf jeden Fall so. Ob auch gerne – na ja…
WIMS Herr Putel! Bei welchem italienischen Maler von Raffael bis Botticelli…
PUTEL Bisam-Botti! Sagen Sie ruhig Bisam-Botti, so wird er ja wohl in den Kunstgeschichten tituliert.
WIMS In keiner einzigen!
PUTEL Nein? Na, ich müßte mal in eine reinschauen. Das habe ich mir schon oft und oft gesagt. O, hätte ich nur auf mich gehört!
WIMS Tun Sie das mal. Dann werden Sie nämlich auch schnell feststellen, daß Sie auf keinem Bild eine Bisamratte finden werden.
PUTEL Ehrlich? Was denn dann?
WIMS Zum Beispiel Landschaften…
PUTEL Landschaften?
WIMS Oder Kreuzigungen…
PUTEL Kreuzigungen?
WIMS Oder Portraits…
PUTEL Muß ich sehen! Wo findet man denn den ganzen Schamott?
WIMS In Museen.
PUTEL Museen? … Muß ich mir merken, das Wort!
WIMS Sie lassen Ihre Behauptung also fallen?
PUTEL Klar. Liegenlassen, tritt sich fest. Habe noch ganz andere zu Hause! Tschüss, Jungs!

Museen… Was es nicht alles gibt… Museen… *Murmelnd nach rechts ab.*

rg

## *»Die anderen hatten eben Dusel«*

WIMS Herr Malz, Sie sind der Vorsitzende der Viktor-Schlawenz-Gesellschaft ...

MALZ Und ob!

WIMS Und diese Gesellschaft ist in Schwierigkeiten geraten, bereits eine Woche nach der Gründung. Warum?

MALZ Nun, Sinn der Viktor-Schlawenz-Gesellschaft war es ja von Anfang an, Leben und Werk von Viktor Schlawenz einer breiten Öffentlichkeit ...

WIMS Geschenkt. Wo liegt denn nun das Problem?

MALZ Wir konnten bisher niemanden ausfindig machen, der Viktor Schlawenz heißt. Und solange wir dieses Problem nicht gelöst haben, ist unsere Arbeit – na sagen wir mal – zumindest behindert.

WIMS Es gibt keinen Viktor Schlawenz?

MALZ Es sieht so aus. Wir haben natürlich sofort nach der Gründung unserer Gesellschaft mit dem Suchen angefangen, haben Lexika bemüht und deutsche Geistesgeschichte, haben große Tote aufgelistet und berühmte Lebende – Ergebnis: Fehlanzeige.

WIMS Nun ist das ja auch ein wenig Ihre Schuld. Viktor Schlawenz ist ein relativ ausgefallener Name.

MALZ Kann ich nicht finden. Johann Wolfgang Goethe ist viel ausgefallener. Aber die Goethe-Gesellschaft hat halt Glück gehabt.

WIMS Einen Riesendusel. Denn sie hat ja nicht nur einen Mann ihres Namens ausfindig gemacht, der hat ja auch noch regelrechte Meisterwerke geschrieben.

MALZ Ja. Und wir hofften natürlich auf einen ähnlichen Glückstreffer.

WIMS War aber nicht. Wie soll es denn nun weitergehen?

MALZ Wenn wir bis Monatsende keinen Viktor Schlawenz gefunden haben, werden wir uns umbenennen. In Watzlaff-Capsugel-Gesellschaft. Und dann wird weitergesucht.

WimS Herr Malz, toi, toi, täuschen Sie sich nicht über die Schwierigkeiten Ihres Unternehmens hinweg?
Malz Aber immer!
WimS Das freut uns. Schönen Dank. rg

## *»Ein Unterschied wie Tag und Nacht«*

WimS Herr Hamm, Sie haben anläßlich der Feierlichkeiten zur Stillegung des Ulmer Münsters einen »Tag der Nacht« gefordert. Wieso?
Hamm Nun, es gibt den »Tag des Baumes«, den »Tag des Kindes«, den Buß- und Bettag – nur die Nacht hat noch keinen, die führt immer noch so eine Art Schattendasein.
WimS Weil sie so dunkel ist. Deswegen übersieht man sie auch leichter.
Hamm Freilich. Und dabei hat gerade sie eine Ehrung verdient. Nehmen Sie doch nur mal irgendeinen Durchschnittstag: Arbeit, Akten, Ackerei. Und nun vergleichen Sie so einen Tag mal mit irgendeiner Durchschnittsnacht; ich sage nur Lotterbett...
WimS Tja, das ist freilich ein Unterschied...
Hamm Nicht wahr? Wie Tag und Nacht!
WimS Na, ob man das so kraß sagen kann...
Hamm Aber es ist doch so. Die Nacht ist dem Tag in allen Punkten überlegen. Und auch der Milch. Obwohl sie natürlich dunkler ist. Die Milch spielt ja mehr ins Weißliche, die Nacht jedoch...
WimS Milch? Wir hören immer Milch!
Hamm Weil es bereits einen »Tag der Milch« gibt. Und nun halten Sie mal so ein Becherchen Milch neben irgendeine Nacht, es braucht ja nicht gerade die heilige zu sein – ja, da faßt man sich doch an den...
WimS Bitte nicht in unserer Gegenwart, Herr Hamm. Eine

abschließende Frage: Warum »Tag der Nacht«? Warum nicht...

HAMM »Nacht der Nacht«? O, das werde ich oft gefragt. Aber Sie können mich schlagen, ich weiß darauf immer noch keine Antwort.

WIMS Gottlob. Ja, dann schönen Dank für das Gespräch.

HAMM O, nichts zu danken.

WIMS Aber ja doch!

HAMM Nein, nein.

WIMS Na, dann eben nicht. rg

## *»Der Diskus war eßbar«*

50 Minuten lang unterhielt sich Jean, der französische Filmemacher, mit Altregisseur Strubnik, der freimütig aus der Schule plauderte. Diesem Gespräch, das nun als Buch vorliegt, »Herr Strubnik, wie haben Sie denn das schon wieder angestellt?«, Karbunkel-Verlag, entnahmen wir das folgende Zitat:

– Kommen wir nun zu Ihrem Film »Schwarzer Zwieback«.

– Den habe ich 1929 gedreht.

– In diesem Film gibt es eine Szene, die mich besonders beeindruckt hat: Max, der Held des Films, ein Diskuswerfer, hat gerade Weltrekord geworfen, vor Freude ißt er seinen Diskus auf. War das ein echter Diskus?

– Nein, der war gedoubelt. Von einem Pfannekuchen. Der taucht übrigens noch an einer anderen Stelle des Filmes auf...

– Ja? Wo denn?

– Erinnern Sie sich an die Szene, wo Max das erste Mal mit Elise allein ist und die »Eroica« auflegt?

– Ach ja! Und statt der Musik kommt nur so ein merkwürdiges psch, flsch aus dem Lautsprecher...

– Diese Platte war auch ein Pfannekuchen.
– Hat man aber nicht gemerkt.
– Nein, wir hatten ihn ja vorher auch schwarz angemalt.

rg

## *Neues von den Onomatopoeten*

In Bad Wuschl war es dieser Tage wieder einmal so weit: das 12. Deutsche Onomatopoetentreffen ging planmäßig und mit viel Lärm und Geräusch über die Bühne des kleinen Karatesaales. Über die Ergebnisse sprachen wir mit Herrn Holtz, dem Nestor der deutschen Onomatopoeten.

WimS Onomatopoeten – was ist denn das schon wieder?

Holtz Onomatopoesis bedeutet Lautmalerei, wir Onomatopoeten sind also Lautmaler.

WimS Aha. Und welchen Zweck hatte Ihr Treffen?

Holtz Einen doppelten. Einmal lasen wir uns gegenseitig unsere Lautmalereien vor, um voneinander zu lernen. Und außerdem gab es den großen traditionellen Wettbewerb.

WimS So, so. Und wie hört sich denn so eine Lautmalerei an?

Holtz Ich sehe, daß ich gerade zufällig eine Arbeit von mir in der Hand habe – wenn ich die mal vorlesen darf?

WimS Aber nicht so laut!

Holtz Nein. Das ist auch zufällig ein sehr verhaltenes Stück, es heißt »Heimkehr durch den Winterwald« und geht so: »Stapf, stapf, schlurf, stapf, stapf, oitz, oitz, stapf, stapf...«

WimS Das war ganz schön eindringlich! nur das oitz, oitz – das habe ich nicht ganz begriffen.

Holtz So klingt es, wenn ein Dachs in seiner Höhle das Stapfen hört und seinem Mißmut über die Störung Ausdruck verleiht.

WimS Ach so. Ja, sehr schön – wirklich. Und worum ging es beim Wettbewerb?

HOLTZ Der zerfiel wieder einmal in drei verschiedene Aufgaben. Um mit der ersten zu beginnen, sie lautete: »Beschreiben Sie lautmalerisch das Geräusch des Donners« und da ging der Preis einstimmig an Hubert Hefel, der den Donner mit »Wrumm... Wrumm... Schnetteretäng« wiedergab.
WIMS Donnerwetter! Da sieht man den Donner ja richtig plastisch vor sich!
HOLTZ Nicht wahr? Nun zur zweiten Aufgabe, sie hieß »Ahmen Sie das Geräusch eines aus großer Höhe herabfallenden Igels nach«. Und da siegte mein Verbandskamerad Walter Kahl aus Zwiefalten, der eine wirklich ganz täuschende Formulierung fand: »Schschschschtt... Fjjiiit... bumsti!«
WIMS Na, wenn wir nicht gewußt hätten, daß Sie das vorgelesen haben, dann hätten wir schwören mögen, daß hier eben ein Igel heruntergerauscht kam!
HOLTZ Freut mich. Genau das war ja bezweckt. Ja, und die dritte Aufgabe, die war wieder der Natur entnommen, lautete: »Meisengesang« und wurde von Erwin Habermaus glänzend gelöst durch sein »Holladri... hicks!«
WIMS Hm... Das finde ich nicht so gut. Ich hätte eher an »Zizidäh zizidäh« gedacht.
HOLTZ Bei einer Kohlmeise – ja. Aber hier war ja die Blaumeise gemeint.
WIMS Ach so – ja, das ist natürlich etwas anderes. Doch, sehr schön. Und wie war die Beteiligung? Rege?
HOLTZ Rege. Die Lautmalerei hat meiner Meinung nach eine ganz große Zukunft: Halb Laut, halb Malerei entspricht sie in Geist, Tendenz und Verarbeitung allen Erfordernissen, die ein moderner Mensch an die Kunst unserer Zeit stellen darf.
WIMS Sind Sie nun fertig?
HOLTZ Ja. rg

## *Das Mini-Interview*

WIMS Hallo, hier wir! Wer dort?
PARTNER Ich bin's!
WIMS Sie dort?
PARTNER Nein hier!
WIMS Moment, hier sind wir!
PARTNER Hier? Ich bin allein!
WIMS Ja, dort.
PARTNER Nein hier!
WIMS Wo denn da?
PARTNER Am Apparat.
WIMS Da sind wir auch.
PARTNER Wo denn?
WIMS Hier.
PARTNER Hier doch nicht!
WIMS Doch, hier!
PARTNER Nein, nein. Hier bin nur ich.
WIMS Und hier sind nur wir.
PARTNER Ach ja? Na, dann bleibt die Sache wenigstens unter uns.
WIMS Danke, das genügt. rg

## *Abschied von Uwe*

Dieser Beitrag zu Uwe Seelers Abgang von der sportlichen Bühne hat einen entscheidenden Fehler: Der Verfasser kam nicht über vier, allerdings sehr mühsame Anfänge zu einem Seeler-Nachruf hinaus. Das wissen wir selber, und wir sagen es auch nur, damit Sie sich die Mühe sparen, es uns vorzuhalten. Fassen Sie sich statt dessen lieber an Ihre eigene Nase. Klingt ein bißchen grob – wie? Ein Vorschlag zur Güte: Es muß nicht die Nase sein.

Es war am 12. Januar 1718, da erschien einer Hamburger Hausfrau eine lichte Gestalt, die also zu ihr sprach: »Fürchte dich nicht, denn siehe: Du bist von allen Jungfrauen erkoren, einen Sohn in die Welt zu setzen, der einen gewaltigen Bums im rechten Bein haben wird. Seine Spezialität aber werden Kopfballduelle sein. Friede sei mit Dir, o Frau Seeler!«

Die so angeredete, ein Fräulein Freilich, blieb ziemlich perplex zurück. Kein Wunder übrigens, da sich der Engel sowohl in der Zeit als auch in der Adresse geirrt hatte. Keine 300 Jahre später aber war es soweit. Uwe Seeler wurde geboren. Wer ihn damals kennenlernte, diesen kaum daumengroßen Wicht, der ahnte wohl kaum...

Wer war Uwe Seeler? Eine kleine Episode ist mir immer unvergeßlich geblieben. Nach dem mörderischen 0:0 während des WM-Qualifikationsspieles gegen die UdSSR gehen Seeler und der russische Mannschaftskapitän Wladi »Krstschnztj« Wostok schweigend vom Platz, als Seeler ihm plötzlich etwas zuruft. Lächelnd nickt der Russe, und dann tauschen beide Spielführer spontan die Hosen, eine feine sportliche Geste der Fairness, die...

»Uns Uwe« – so riefen wir ihn. »Euch Uwe« – so nannte ihn der Rest der Welt neiderfüllt, wenn die Rede auf den hanseatischen Kahlschopf kam, der vor 34 Jahren ohne Zähne geboren wurde und trotzdem durch eiserne Selbstdisziplin...

Mit Uwe Seelers letztem Spiel in der Hamburger Philharmonie setzt der sympathische 30-Käsehoch den Schlußstrich unter eine Fußballerkarriere, die nicht nur in Deutschland einmalig ist: in 250000 Länderspielen schoß er 7000000 Tore, die, aufeinandergestellt, von hier bis nach ganz, ganz weit hinten reichen würden, ach was, noch viel weiter.

rg

## *Pariser Impressionen*

Was ist es, das den Zauber der Seine-Metropole ausmacht?

Ob man nun die prächtige Gare St. Lazare heraufschlendert, ob man sie herunterflaniert – stets teilt sich die unverwechselbare Atmosphäre der Stadt mit. Nur der aufmerksame Betrachter spürt, woran das liegt: Es sind die Pariser, die dieser Stadt wie keiner anderen das Gepräge geben. Paris ist voll von ihnen, wer sie einmal gesehen hat, wird sie überall entdecken: die kleinen Midinetten, die es verstehen, noch aus einem eleganten Kleid ein Taschentuch zu schneidern, die jungen Grisaillen, die im Hörsaal verliebte Blicke mit den Clochards, den extravaganten Jüngern Sartres, wechseln, die blassen Conciergen, die Nacht für Nacht von Conciergerie zu Conciergerie ziehen und dort für wenig Geld welke Blumen, des fleurs, wie der Franzose sagt, feilbieten.

»Paris o la la!« singt der Franzose, »Paris o die die!«, darin liegt eine tiefe Wahrheit. Man muß diese Stadt erobern, sie öffnet sich nicht jedem. Weiblich ist ihre Mischung von Charme und Esprit, ist aber auch der Wechsel von hellen, lichtdurchfluteten Avenuen und versteckten Stellen, in denen sich nur der Einheimische zurechtfindet und die nur der Kenner aufspürt: den Flohmarkt, den verschwiegenen Place de la Concorde, das abgelegene Tête-à-Tête.

Das Licht von Paris - wie oft ist schon darüber geschrieben worden! Es ist unvergleichlich. Tagsüber taucht es die Lichterstadt in strahlende Helligkeit, abends ist es dafür so dunkel wie in keiner anderen Stadt.

Dann senkt sich die Nacht über das Kopenhagen Frankreichs, wie es G.B. Shaw einmal nannte. Sie kommt plötzlich, wie alles in der Seinestadt – auch das ist sehr weiblich. Doch erst jetzt enthüllt Paris seinen ganzen Zauber. »Dans le duncle est bon muncle«, sagt Renoir in einem seiner in Deutschland viel zu wenig bekannten Dramen. Es ist schwer, diesen Ausspruch ins Deutsche zu übersetzen, wie sich das Französische ja eigentlich überhaupt nicht übersetzen läßt. Doch der Pariser versteht es wie kein anderer, wenn er in einem der zahllosen Cafés vor seinem »bistro« sitzt.

Die Pariser Cafés – wieviel wird über sie noch geschrieben werden! Und was wäre die Geschichte der Stadt ohne sie! Im »Chez Erwin« saßen schon Baudelaire und Rimbaud und diskutierten nächtelang über Verlaine, der zur gleichen Zeit mit Victor Hugo im berühmten »Café Cravalle« tagelang über Baudelaire zu reden liebte. In »La petite Guillotine« dagegen treffen sich heute noch wie vor drei Jahren die Scharfrichter des nahegelegenen Justizministeriums zu einem kleinen Schwatz nach getaner Arbeit.

Aber es ist vergeblich, alle Herrlichkeiten dieser Lichterstadt nennen zu wollen. Vieles, was hier nicht erwähnt werden kann – die Metro im klassischen Resistancestil, le Pont du Tower, das Grab des unbekannten Parisers, die herrlichen Tulpenfelder rund um den Père Lachaise, das Kratzmaierdenkmal, der Montblanc, der Tour de France – sollte eigentlich einmal erwähnt werden, denn nur wenige wissen um diese Schätze. Für alle aber, die das Glück haben, Paris irgendwann besuchen zu können, zum Abschluß ein beherzigenswertes Wort Voltaires, der in seinen Liedern immer wieder den Zauber dieser Stadt zu bannen versuchte: »Paris, Paris, du bist ein Paradox.« rg

## *Riesenreinfall beim WimS-Preisausschreiben Leser blamieren sich bis auf die Knochen – Redaktion entsetzt*

»Schildern Sie uns Ihr kafkaeskestes Ferienerlebnis«, hatten wir unsere Leser gebeten, doch was unsere Leser uns daraufhin zuschickten, war schlicht eine Frechheit. Oder finden Sie den folgenden Beitrag des Ehepaares Eckig etwa druckreif?

»Es war irgendwo zwischen Lübeck und Neapel. Endlos zog sich das staubige Band der Autobahn...« – na und so weiter, und so weiter... »parkten wir auf dem Autobahnmastplatz, wo wir durch Zufall ein rasend nettes Ehebrecherpaar kennenlernten, das gerade von einem Kugellager an der hessischen Riviera...« – das können wir uns ebenfalls schenken, aber jetzt: »...erzählten wir unseren neuen Bekannten, daß wir einen Schäferhund zu Hause hätten. Und stellen Sie sich vor, die beiden hießen auch Schäfer – ist das nicht ein irrer Zufall?«

Nein. Und kafkaesk ist das schon gar nicht. Doch auch unser Leser Papst Paul hat es nicht wesentlich besser getroffen:

»Es war auf der Terrasse von Schloß Castelgandolfo. Feuerrot, einem riesigen Bratapfel gleich, ging die Sonne im Meer unter, und da dachte ich: ›Wenn ich jetzt gleich einen riesigen Bratapfel kriegen könnte, das wäre super!‹ Und wie ich das noch denke, da erschien mir – Sie kommen nicht drauf! – da erschien mir – wissen Sie wer? Dreimal dürfen Sie raten, einmal Raten kostet zwei Mark fünfzig, macht insgesamt also sieben Mark fünfzig, bitte überweisen Sie diesen Betrag mit der nächsten Kirchensteuer –: da erschien mir also unvermutet alles so sinnlos, dieses ganze Segnen und Heiligsprechen, und dann immer diese riesigen Bratäpfel – aber fas wasele ich denn da? Sie bringen mich ja durch ganzeinander! Da erschien mir also die Freifrau Maria und sprach also zu mir: ›Du bist mein lieber Harry Knickerbokker, ach nee, der bist du ja gar nicht. Trotzdem: wo brennt's?‹

Da fiel ich auf die Knie, und wie ich so auf die Knie falle, da fragt die Freifrau Maria auf einmal: ›Sagen Sie mal, können Sie denn nicht woanders hinfallen als ausgerechnet auf meine Knie?‹ – und wie sie das sagt, da tut es plötzlich einen unheimlichen Schlag, ich wache auf und alles war nur ein Traum. Wie finden Sie das?«

Verheerend. Doch auch unser Leser Joseph Kapunkt lieferte leider, leider kein kafkaeskeres Ferienerlebnis als das folgende:

»Jemand mußte mich verleumdet haben, denn ohne daß ich etwas Böses getan hätte, wurde ich eines Morgens verhaftet. Die Köchin der Frau Grubach, meiner Zimmervermieterin...« – in diesem Prozeßhansel-Stil geht es ca. 200 Seiten weiter. Herr Kapunkt! Wir hatten »Ferienerlebnis« gesagt und nicht »Justizschelte«!

So machte schließlich Gabi das Rennen. Hier ihr Ferienerlebnis, das zwar auch nicht gerade kafkaesk im strengen Wortsinn zu nennen ist, jedoch so viel Esprit und gute Laune atmet, daß der Prager Humorist sicher nichts gegen die Auszeichnung einzuwenden hätte:

## WIE ICH MEINEN ERSTEN HÖHEPUNKT ERLEBTE

Ich muß vorausschicken, daß ich 17 Jahre alt bin und eine tolle Figur habe. Kein Wunder also, daß sich an meinem Urlaubsort Marina di Pisa bald einige dufte Typen um mich scharten. Doch lange war ich unsicher, in wen ich mich verknallen sollte. Da war Emilio, ein sensibler Fischer, mit dem ich echt gute Gespräche führen konnte. Und da war Rico, ein vierschrötiger Intellektueller, in dessen Riesenpranken sich das Wittgenstein-Bändchen, das er stets bei sich führte, fast winzig ausnahm. Doch das Rennen machte schließlich Giorgio, ein süßer Industrieller aus Turin, der eine Riesenkohle machte und mich eines Abends fragte, ob ich Bock auf ein duftes Essen in einem todschicken Ristorante hätte. Und als er mich noch einlud, etwas in seinem offenen Sportwagen herumzugondeln, da wußte ich, daß das der absolute Höhepunkt dieser unvergeßlichen Ferien war. rg

## *Sammeln – aber wie?*

Auf die Frage, *was* man sammeln solle, antwortete der greise Lord Chandos gerne: »Zuerst einmal sich.«

Fragte man ihn jedoch, *wie* man sammeln solle, dann kreischte er: »Wie bitte?« Wenden wir uns also dem »Wie« zu.

Man kann zum Beispiel Nonnen sammeln, und viele Päpste tun das auch. Freilich droht dabei die Gefahr, sich zu verzetteln. Als Papst Nautilus starb, fand man in seinem Nachlaß Ursulinerinnen, Theatinerinnen, Benediktinerinnen, Kalabreserinnen, Franziskanerinnen und zahlreiche Ordensschwestern verschiedener Herkunft. Freilich – und nun kommt das große »Aber« – ABER: Kein Orden in seiner Sammlung war komplett, mal fehlte eine Äbtissin, andere Schwestern waren beschädigt, fast immer hatte er keine Kellerschwester aufgetrieben – trotz der Vielzahl der Werte war die Kollektion so gut wie wertlos.

Da machte es Papst Pontifex schon besser. Er hatte sich zu seinen Lebzeiten auf *einen* Orden, auf die »Schwestern vom schmerzenden Kreuz«, konzentriert und eine einzig dastehende Sammlung zusammengebracht; sämtliche Werte – von der Äbtissin abwärts – befanden sich in tadellos gepflegtem Zustand, selbst die Klostermaus war in allen Fehlfarben ausgezeichnet repräsentiert. Kein Wunder, daß er seine Kollektion ohne Schwierigkeiten versilbern konnte, als er – anläßlich einer vom Teufel angezettelten Finanzkrise des Vatikans – Geld brauchte: Der Erzscheich von Timbuktu kaufte sie für ein Heidengeld und weidet sich noch heute an ihnen, der Bazi.

Nun kann natürlich nicht jeder Nonnen sammeln, Lemminge tun es auch. Doch auch hier gilt: Nur Überlegung macht überlegen. Das heißt: Nicht einfach Lemminge sammeln, sondern sich ein Spezialgebiet suchen.

Etwa in geographischer Hinsicht: Man sammelt *entweder*

Steppenlemminge *oder* Sumpflemminge *oder* Hauslemminge...

Man geht nach phonetischen Gesichtspunkten vor und konzentriert sich auf Quietschlemminge *oder* Lachlemminge *oder* Knöterlemminge...

Man macht die Farbe zum Hauptkriterium und sammelt nur pofelgelbe *oder* flachschwarze *oder* knallgrüne Lemminge...

All diese Anregungen ließen sich beliebig auf beliebige Sammelobjekte erweitern. Doch das Prinzip ist klargeworden, gell? Fein. Denn das Sammeln gehört mit Sicherheit zu den schönsten Hobbies, die der da oben der Menschheit geschenkt hat. Oder – um es mit seinen eigenen Worten zu sagen: »Nicht Rammeln – Sammeln!« rg

## *Viele, viele Spiele*

### POCH

Ein Klopfspiel für drei bis fünf Teilnehmer. Einer der Spieler legt sich auf den Tisch, die anderen klopfen ihn auf weiche Stellen hin ab. Jede entdeckte Stelle zählt einen Punkt. Wer die meisten Punkte gesammelt hat, hat gewonnen und allen Grund, sich ordentlich zu schämen.

### GEDANKENLESEN

Ein Intelligenzspiel für zwei oder mehr Spieler. Unser Beispiel beschränkt sich auf zwei Teilnehmer, den Gedankenleser und seinen Partner.

GEDANKENLESER Denk dir mal eine Zahl!

PARTNER Ja, hab ich...

GEDANKENLESER Nun addiere zu der gedachten Zahl die Zahl drei...

PARTNER Moment ... ja ...
GEDANKENLESER Wie heißt die Zahl jetzt?
PARTNER Fünfzehn.
GEDANKENLESER Dann hast du dir die Zwölf gedacht!
PARTNER *verblüfft* Stimmt!

Der Trick des Gedankenlesers besteht darin, daß er die addierte Zahl drei im Kopf wieder subtrahiert und so zu der ursprünglich gedachten Zahl kommt. Nach etwas Übung dürfte das selbst Ihnen nicht schwer fallen. Probieren Sie's doch einmal!

## MÜHLE

Bei diesem Spiel handelt es sich um ein Brettspiel. Jeder Spieler bekommt ein Brett, mit dem er die anderen Mitspieler auf den Kopf haut. Wenn einer merkt, daß er am Umfallen ist, hat er »Schach!« zu sagen. Wer zuerst umfällt, ist verloren.

## HJALMA

Ein Spiel, bei dem zwei bis maximal sechs Personen mitmachen können. Die Spieler setzen sich rund um den Tisch und belauern einander, bis einer »Hjalma!« ruft. Daraufhin ziehen sich alle Spieler so schnell es irgend geht aus. Was sie dann tun, ist ihre Sache. Wenn ihnen nichts Besseres einfällt, können sie ja »Mühle« spielen (Spielanleitung s. o.).

## HOPPELKOPF

Ein Würfelspiel. Die Spieler sitzen einander so gegenüber, daß sie das Schwarze in der Nase des Gegners erblicken. Dann wird im entgegengesetzten Uhrmachersinn gewürfelt. Wer eine Zahl wirft, setzt aus. Aus Protest solidarisieren sich die anderen Mitspieler mit ihm und setzen auch aus. Dann verfassen sie ein Paper, in dem sie sich in schärfster Form gegen Würfelspiele dieser Art verwahren. Sie schikken es an: Herr im Himmel, Postfach 08 15.

TRIC TRAC

Dieses Spiel wird im Dunkeln von zwei bis vier Personen gespielt. Wer zuerst den Tric raus hat, darf dem Partner an den Trac langen. Während kirchlicher Feiertage gilt die umgekehrte Regelung. rg

## *Anekdote*

Im 70er Krieg, den Gott verhüten möge, kam es infolge der Unachtsamkeit zweier Kanoniere zu einer sehr gefährlichen Situation: Nach erfolgreichem Beschuß einer flämischen Pappel, in der man einen Blitzableiter vermutete, verließen die beiden ihr Geschütz, um im Hinterland nach dem Rechten zu sehen. Ein Bataillon feindlicher Musketiere näherte sich darauf ohne Unterlaß dem verlassenen Ort, um widerrechtlich Besitz davon zu ergreifen. Doch verwirrt von der ungewöhnlichen Verlassenheit des Platzes zögerte man, einige der Feinde witterten Gefahr, wieder andere hatten die Nase voll, es kam zu hitzigen Debatten – und da, hast du nicht gesehen, waren auch schon wieder unsere wackeren Kanoniere an der Front und eroberten ihre Waffe zurück, dergestalt, daß sie Furcht und Schrecken verbreiteten, worauf es der feindliche Kommandant doch für klüger hielt, zur Flucht zu blasen.

An diesem Tage schossen die Kanoniere, die im Grunde auch gegen diesen Scheißkrieg waren, was das Zeug hielt, um die Kampfpause wieder wettzumachen.

Davon erfuhr ihr Feldherr, und er beförderte die beiden rasch zu Chefkanonieren. Fortan durften sie eine Stunde früher Feierabend machen und die Kampfhandlungen schon um 16 Uhr einstellen. Und das bei doppeltem Gehalt!

Dieses Beispiel machte Schule, und wenn man bedenkt, daß die Gewerkschaften heute den Acht-Stunden-Krieg bei vollem Lohnausgleich anstreben, dann – doch davon kein andermal mehr. fwb

## *Aus dem Tagebuch eines Heiratsschwindlers*

1. 1. Prost Neujahr: Elli gleich die Ehe versprochen – die wird sich wundern! Das Jahr fängt gut an …

5. 1. Hertha kennengelernt. Die werd' ich auch beschummeln.

6. 1. Um Olgas Hand angehalten, dem Alten die Hucke vollgelogen. Ich und heiraten!

19. 1. Elli hundertfuffzig Mark abgeschwindelt. Wieder Heiratsabsichten vorgetäuscht!

27. 1. Mozarts Geburtstag. Gleich 'ne neue »Ehe« angebahnt – Figaros Hochzeit, hehehehe!

2. 2. Hertha nach Strich und Faden angeschmiert. Ob sie meine Frau werden wollt' … Sie will. (Aber ich will halt nicht ihr Mann werden!!!)

3. 2. Die brave Rita! Wenn die wüßte! Jetzt wird's bald Zeit zu verschwinden … Nur noch das Aufgebot für Gloria bestellen, dann aber nix wie ab! Ehe, Familie, wenn ich schon daran denke – ich bin doch nicht doof!

6. 3. Kleine Fische. Immer bloß Ladenmädchen betuppen …

13. 3. (London) Große Sache: Mich an die Queen rangemacht; Frechheit siegt! (Na ja: so ganz wohl ist mir bei der Sache denn doch nicht. Wenn *der* Schwindel auffliegt …)

14. 3. Sie hat »Ja« gesagt. Ich werd verrückt! Und dabei hab ich es doch bloß auf ihr Geld abgesehen. Soll ja schwerreich sein, die Gute …

20. 3. (Paris) Wie das läuft! Zwei Milliarden kassiert (Pfund!) Telegramm (Porto zahlt Empfänger): Sorry, Maje-

stät, war nicht so gemeint... Was hat die sich bloß gedacht?! Daß ich nicht lache: Prinzgemahl. Das hätte mir gerade noch gefehlt...

21. 3. Jetzt gehe ich aufs Ganze: Rom. Vatikan. Da soll auch noch ein altes, betuchtes Mädchen hausen, Papa ... Paula... oder so ähnlich... fwb

## *Die Liebeserklärung des Monats*

Unsere Liebeserklärung gilt diesmal Fräulein Karin Könich (die Anfangsbuchstaben sind der Redaktion bekannt). Hiermit erklären wir, die Liebhaber vom Dienst der WimS-Redaktion (im folgenden egalweg LvD genannt), daß wir das Fräulein Karin beträchtlich lieb haben. Diese Liebe gilt, sofern sie nicht vorher bis spätestens zum Quartalsende aufgekündigt wird, jeweils bis zum nächsten Ersten und wird sodann verlängert bis in alle Ewigkeit. Die Echtheit dieses Gefühls wird hiermit bescheinigt und bezieht sich, sofern keine Sonderabsprachen getroffen worden sind, sowohl auf den Körper, die Seele und den Geist d. betr. Person.

Die LvD
fwb

## *Was soll das?*

Mitten aus dem Steinhuder Meer sei – wie mehrere Freischwimmer glaubhaft versichern – um die Ortszeit mühsam ein Roter Rabe aufgetaucht. Er habe sich mehrfach geschüttelt und dann losgeprustet: »Wir kommen nun zu Frage drei. Gesucht wird der Name des Dichters des folgenden Gedichts. Sie haben Ihr Lebtag Zeit zur Lösung. Richtige

Einsendungen nimmt jede Annahmestelle entgegen. So weit der Überblick. Ich melde mich wieder mit den Wasserstandsmeldungen.«

Auf die Frage der Schwimmenden »Ei, wer bist du?« habe er geantwortet: »Ich bin der Rote Rabe!« – worauf er unter erbärmlichen Hilferufen wieder abgesoffen sei.

Frage an uns: Was hat das zu bedeuten?

Unsere Deutung: Das Gedicht, wonach der Rabe fragte, lautet:

Ein Hündchen wird gesucht,
Das weder bellt noch beißt,
Zerbrochene Gläser frißt
Und Diamanten scheißt.

Es ist von Goethe.

Und nun gehet fort in alle Welt und fraget hinfort nicht mehr so dumm. fwb

## *Der Geist vom Niederrhein*

Auf einer Fahrt ins Linksrheinische widerfuhr dem Fahrer Holger Rorbruch etwas Merkwürdiges: Am Rand einer Landstraße erster Ordnung erschien ihm Vater Staat in Gestalt eines Gesäßes und sprach: »Du bist mein lieber Alfred Batel, an dem ich mein Wohlgefallen habe. Geh hin nach Gelsenkirchen oder meinetwegen auch nach München – ist ja eh egal – und tu Gutes denen, die gut zahlen und sag ihnen, was los ist. Hier hast du Geld, trink nicht alles durcheinander und vor allem: Bleib sauber! Sind noch Fragen?«

Nach diesen Worten sei die Gestalt mit einem satten »Pffffatz« zerplatzt.

Rorbruch – so wenigstens hat er es einem unserer leidenden Angestellten erzählt – faßte sich rasch. Was ging ihn die Sache an? Er hieß nun mal nicht Alfred Batel, Geld hatte er auch keines gekriegt. So fuhr er denn entschlossen weiter, immer tiefer ins Linksrheinische rein.

»Sachen gibt's«, schloß er seine Erzählung. »Sachen ... tz,tz,tz ...«

fwb

## *Vier strenge Bräuche*

DIE SCHNEESCHMELZE VON KREUZBERG

Jedes Jahr am ersten Sonntag im März wird von den Schneemännern, ausgesuchten Mitbürgern in weißen Hemdhosen, im großen Schmelzofen auf der Hasenheide der alte Schnee eingeschmolzen. Die Insassen des Altersheims umkreisen den Ofen und singen:

Geh, Schnee, geh!
Bist so weiß wie Klee,
bist so rot wie Milch und Blut,
Übermut tut selten gut –
geh, Schnee, geh ...

Das Schmelzwasser wird in eine große Wanne geleitet und der schmutzigste Jugendliche wird anschließend unter großem Geschrei damit gewaschen.

DAS GEWICHTHEBEN VON NEU-ISENBURG

Der Älteste des Neu-Isenburger Stadtrats muß alljährlich an Silvester den großen Bremsklotz vor der Sebalduskirche beidarmig hochheben. Solange er den Klotz hochhält, wird in der Sakristei Freibier ausgeschenkt. Doch dazu kam es in den letzten Jahrzehnten nicht mehr, da kein Stadtrat den 163 Tonnen schweren Bremsklotz zur Hochstrecke bringen konnte.

DAS HUDELFEST VON BOCHUM

Das ist ein beliebter Brauch der Bochumer Erwachsenen. Sie beginnen an jedem regnerischen Wochenende am Stadtrand zu hudeln, und zwar dürfen nur die männlichen Einwohner mit und ohne Abitur daran teilnehmen. Nach dreistündigem Hudeln, während dessen kein Teilnehmer husten, heiraten oder wählen darf, werden die Pluspunkte vom Notar gezählt. Wer am schnellsten gehudelt hat, erhält vom Magistrat einen reichverzierten Aschenbecher als Trostpreis.

DIE GEHEIMBÜNDELEI VON BAD CANNSTATT

Nach Einbruch der Dunkelheit nehmen die 22 Obermacher von Bad Cannstatt an einer Verbindung teil, deren Dasein, Verfassung oder Zweck vor der Staatsregierung geheimgehalten werden soll, oder in welcher gegen unbekannte Obere Gehorsam oder gegen bekannte Obere unbedingter Gehorsam versprochen wird, bei Regenwetter umgekehrt.

Wer sich fahrlässig oder leichtfertig erwischen läßt, wird mit Gefängnis bis zu sechs Monaten bestraft. fwb

## *Ein zu Unrecht vergessenes Hausmittel: Die Mottenkugel*

Wir leben heutzutage in einer Zeit immer größerer Entwicklung – was gestern bejubelt und benützt wurde, ist heute vergessen und verweht. War man lange Jahre zufrieden mit Dampfcomputern, so müssen es nun elektronische Rechenschieber sein.

Und wer gedenkt noch der Mottenkugel?

Makellos, weiß und rundum von herber Schönheit: so begleitete sie unsere Vorfahren in Haus und Hof und war beim besten Willen nicht wegzudenken. Für die Hausfrau bedeutete die schmucke Kugel Frieden und Sicherheit, und der gemeinen Hausmotte brachte sie Elend, Not, Tod und Siechtum.

Ihr Erfinder, der Sigmaringer Arbeitgeber A. Schnoll, teilte das Schicksal so vieler großer Geister: Hochbetagt und steinreich starb er, von aller Welt bejubelt, in Bad Wuschl.

Seine frühen handgedrehten Kugeln sind heute noch für Sammler und Motten teure Raritäten. Schnoll fertigte sie anfangs aus Stahl, Pech und Schwefel. Selbst die gefräßigste Motte konnte diesen harten Dingern nichts anhaben. Doch Schnoll gab sich damit nicht zufrieden. Er drehte weiter: höchst widerstandsfähige Exemplare aus essigsaurer Tonerde folgten. Erhalten ist heute noch eine Kopie der Kaiser-Wilfried-Gedächtnis-Kugel aus waschechtem Gold mit eingebautem Ofen und der Aufschrift: Ich spotte jeder Motte.

Versuche mit Kugeln aus Baumwolle und Drillich schlugen fehl: es kam zu Mottenfraß. Ein schwerer Schlag für Schnoll, doch mit hochbrisanten Kügelchen aus echtem Schrot und Korn bot er den tückischen Tieren Paroli.

Aus Angst, seine Erfindung könnte zu Kriegszwecken mißbraucht werden, zögerte Schnoll mit der Serienproduktion. Nachdem er eine Weile gezögert hatte, überschwemmte er den Markt mit seinen runden Produkten. Es war ein Erfolg ohnegleichen. Schnoll hatte es geschafft. Es war ihm gelungen, den alten Irrglauben von der Allmacht der Kleidermotte praktisch zu widerlegen: durch die Konstruktion harter Kügelchen. Die Motte, einst ständige Begleiterin des Menschen, führt seitdem ein verachtetes Schattendasein in düsteren Schränken und Truhen. Und dabei wird es künftighin vermutlich bleiben. fwb

## *Dein Kind, das unbekannte Wesen*

Viele von uns haben Kinder. Und auch wer keine hat, sieht sie häufig. Wir alle wissen von diesen kleinen Wesen, die da unter uns leben – doch kennen wir sie auch?

»Aber natürlich«, hören wir Mütter und Väter nun ausrufen. »Wie sollte ich mein Kind denn nicht kennen, ich, der ich es unter dem Herzen getragen, unter Schmerzen geboren und unter ständigem Fluchen aufgezogen habe! Ich würde es unter Tausenden herausfinden!«

Gemach – um ein solches »Kennen« handelt es sich ja gar nicht. Natürlich weiß jeder Vater, wie sein, weiß jede Mutter, wie ihr Kind aussieht; nicht umsonst sind die Kleinen von der Natur verschieden erschaffen, nicht umsonst hat schon der kleine Theo seine Klunkernase, der Kaspar seine Pferdezähnchen und die Monika ihre Hamsterbäckchen. Ja, auseinanderhalten kann man die Kleinen schon. Aber bedeutet das auch, daß man sie kennt? Nein. Das jedenfalls lehrt uns die Kinderpsychologie.

Ihr verdanken wir Einsichten, die alle Eltern kennen sollten. Viele von ihnen glauben beispielsweise immer noch, daß die Kindheit ein völlig einheitlicher Abschnitt im Leben des Menschen sei.

Das stimmt aber gar nicht. Sie zerfällt vielmehr in drei deutlich voneinander unterschiedene Trotzphasen. In der ersten schreit das Kind, wenn es das, was es haben will, nicht bekommt, in der zweiten macht es Krach, wenn seine Wünsche nicht erfüllt werden, und in der dritten lärmt es auch dann, wenn es keinen ersichtlichen Anlaß hat. Experimente in einem Kinderhort ergaben, daß dieser Radau um so schlimmer wurde, je länger die Kinder auf ihre Wunscherfüllung warten mußten, und je mehr davon betroffen waren.

Schon eine solche Tatsache zeigt, daß Kinder durchaus keine Engel sind. Im Gegenteil. Psychologen wollen bereits bei Babies sexuelle Regungen festgestellt haben. Das freilich ist ein dunkles Kapitel. Möglicherweise wollen einige dieser winzigen Wesen tatsächlich ihren Vater erschlagen, um ihre Mutter ganz für sich zu haben. Doch bisher haben wohl nur die wenigsten diesen Plan in die Tat umgesetzt und überdies sollte man sich davor hüten, von einer maßlosen Minderheit auf die Masse der meist anständigen Babies zu schließen.

Doch da auch diese häufig unverständliche oder unangenehme Eigenschaften an den Tag legen, erhebt sich für die Eltern die Frage, wie man sie ihnen am besten austreiben kann: mit harten Strafen oder mit verständnisvoller Liebe?

»Je nachdem«, lautet die Antwort der Psychologen. Untersuchungen ergaben nämlich, daß Kindheitserlebnisse das ganze weitere Leben beeinflussen. 39 von 40 untersuchten Räubern z.B. berichteten, daß sie eine freudlose, harte Jugend gehabt hätten. Bei einer Untersuchung der gleichen Menge von großen Menschheitsfreunden und Wohltätern ergab sich das umgekehrte Verhältnis.

Diejenigen Eltern also, die beispielsweise den Wunsch haben, daß ihr Kind einmal ein rechter Räuber wird, der im Verbrecherleben seinen Mann steht, werden ihre Erziehung rechtzeitig auf dieses Ziel abstellen müssen. Tun sie es nicht, dann brauchen sie sich nicht zu wundern, wenn der Junge auf einmal Missionar oder Opferlamm werden will – siehe Jesus.

rg

## *Die Fehlleistung*

Ist es Ihnen auch schon einmal passiert, daß Sie einen Menschen, den Sie nicht mögen, mit »Gute Sorgen« statt mit »Guten Morgen« begrüßten? Ja? Dann haben Sie eine echte Fehlleistung begangen, einen »Freudschen Versprecher«, wie der Vulgärpsychologe diesen Vorgang gern nennt.

Denn wie so viele Entdeckungen auf dem Gebiet der Psychologie geht auch die der Fehlleistung auf den Wiener Altmeister zurück. Der nämlich nahm 1899 als Gast auf einer Tagung des Oberösterreichischen Anarchistenvereins teil, die – wie damals jede Tagung in der Donaumonarchie – mit dem Absingen des Kaiserliedes beschlossen wurde. Doch zu seinem Erstaunen hörte Freud, wie der neben ihm stehende Anarchist Leitbrugger statt der richtigen Worte »Gott erhalte Franz, den Kaiser …« »Gott erkalte Franz, den Kaiser« sang.

Hier stimmt doch was nicht, überlegte er, doch um sich Gewißheit zu verschaffen, fragte er Leitbrugger nach der Kundgebung noch einmal nach dem Text des Liedes.

»Ganz einfach«, erwiderte der, »Gott behalte Franz, den Kaiser …«

Das sei falsch, wandte Freud ein.

»Stimmt. Es heißt natürlich: ›Gott bemalte Franz, den Kaiser‹«, rief Leitbrugger aus und fügte hinzu, daß er jetzt leider gehen müsse, da er beim geselligen Beisammensein des Vereins noch etwas in fröhlicher Runde konspirieren wolle.

»Eine letzte Frage«, sagte Freud. »Lieben Sie unseren Kaiser?«

»Aus ganzem Herzen, wo denken Sie hin?« Und mit diesen Worten empfahl sich der Anarchist.

Am selben Abend noch, als Leitbrugger im Karmeliterbeisl konspirierte und der erste Schnee Wien mit einem weißen Leichentuch überzuckerte, erzählte Freud seiner Frau von dem merkwürdigen Erlebnis.

»Da wird sicher wieder das Unterbewußtsein seine Hand am Stiel haben«, meinte die zerstreut, und sah erstaunt auf, als Freud sich vor die Stirn schlug und rief: »Natürlich! Daß ich nicht gleich daraufgekommen bin!«

Ja, es war tatsächlich das Unterbewußtsein, das Leitbruggers seltsame Versprecher bewirkt hatte: Da es in seiner bekannt destruktiven Art den Kaiser nicht liebte, diese Meinung jedoch nicht offen zu sagen wagte, weil es feige war, drehte es dem nichtsahnenden Anarchisten die Worte solange im Munde herum, bis er ungewollt zum Sprachrohr seines Unterbewußtseins wurde.

»Gut und schön«, mag nun mancher sagen. »Was gehen mich Leitbruggers Versprecher an?« Die so reden, vergessen, daß auch sie ein Unterbewußtsein haben, das ihnen böse Streiche spielen kann.

Fast erheiternd mag noch der Versprecher »Meine lieben Landsläuse« wirken, mit dem ein deutscher Kanzler einmal verriet, was sein Unterbewußtsein von den Staatsbürgern hielt. Doch abstoßend und gefährlich wird die Fehlleistung da, wo das Unterbewußtsein seiner bekannt schmutzigen Phantasie in sexuellen Dingen freien Lauf läßt.

Ob nun ein Lehrer zu seiner sich kämmenden Schülerin »Oh, welch wunderschöne Brüste« (statt »Oh, welch wunderschöne Bürste«) sagt, ob ein junger Mann einem jungen Mädchen vorschlägt: »Wie wär's mit einem Täßchen Beischlaf bei mir?« (statt »Täßchen Tee«) – stets handelt es sich um Fehlleistungen, die für den, der sie ausspricht, peinlich, für seine soziale Stellung jedoch oft verheerend sind.

Wie schützt man sich vor solchen Fehlleistungen? Das einzig wirksame Mittel entdeckte Freud selber, der seinem Freund Adler bereits 1904 sagte: »Das beste ist, man hält dauernd den Mond.« rg

## *Der neue BMF 1200*
## *Ein Automobil alter Schule*

*Rechtzeitig zum neuen Jahr haben die Badischen Motoren-Fabriken ihren seit 20 Jahren angedrohten Viersitzer auf den Markt gebracht. Unser Motor-Redakteur hatte Gelegenheit, ihn auf Herz und Nieren zu prüfen. Hier sein Bericht:*

Ein Wagen mit dem gewissen Etwas – das ist der erste Eindruck, den der BMF 1200 auf mich macht. Er rührt von dem Nebelhorn her, das diesem Auto sein charakteristisches Profil verleiht – Ingenieur Wapetz, Chefdesigner der BMF, kann auch hier seine Herkunft aus dem Dampferbau nicht verleugnen. Der zweite Eindruck: hier wurde Sicherheit endlich einmal groß geschrieben. Vier Räder – an jeder Ecke eins und alle so angebracht, daß sie bis zur Erde reichen. Das heißt Griffigkeit und gute Straßenlage. Dazu die bei anderen BMF-Wagen schon bewährten Extras: Rückspiegel, Bremse und Rettungsreifen. Ein Blick ins Innere des Wagens läßt das Herz des sportlichen Fahrers höher schlagen: endlich einmal eine Gangschaltung, die hinten im Wagen angebracht ist, da macht das Schalten wieder Spaß, da wird der Griff zum Schalthebel wieder zu jenem echten Risiko, das die Fahrt mit den großen Wagen der 20er Jahre – einem frühen Alfa-Romeo oder einem jener legendären Rosenstock-Holderblühs – zum Erlebnis machte. Doch auch an den Fahrkomfort ist gedacht: zusammenklappbare Aschenbecher, die Autobar neben dem Handschuhfach und das Lenkrad in ständiger Reichweite gehören zum Serienmodell. Ebenso übrigens der vollhydraulische Scheibenwischer, zwiefach genoppt und direkt an der Karosserie aufgehängt, er garantiert freie Sicht – selbst bei Regen.

Ein rascher Blick unter die Motorhaube: 12 PS, alle sehr übersichtlich rund um die Nockenwelle angeordnet, jede einzelne auch einzeln austauschbar – das spart bei Reparaturen Zeit und lästige Kosten. Ferner ein Motorgehäuse, das auf Kinkerlitzchen wie Fenster, Türen und Türmchen verzichtet – hier wird die Linie schlichter Sachlichkeit fortgeführt, die wir von den früheren BMF-Modellen her kennen.

Die Probefahrt quer durch den Werkshof schließlich bestätigte den ersten, günstigen Eindruck: Fahrer und Wagen bestanden den gut 250 Meter langen, mörderischen Parcours ohne größere Schäden. Außer einigen Schaltschwierigkeiten – vielleicht hätte man doch nicht auf die Kupplung verzichten sollen? – hielt der Wagen, was er verbrach.

rg

## *Tierversuche auf neuen Wegen*

Warum jault ein Hund, wenn man ihn auf den Schwanz tritt? Wieso weiß die Wandergans, wann es Zeit ist, das Ränzel zu schnüren? Was bedeutet es, wenn der Walfisch seine Ohren spitzt?

Das alles sind Fragen, die die Tierfreunde schon seit Jahrhunderten beschäftigen. Doch erst die Verhaltensforschung, eine recht junge Wissenschaft, ist in der Lage, sie zu beantworten.

Dabei bedienen sich diese Forscher oft recht unkonventioneller Methoden. So lebte der schwedische Zoologe Fritz Holgersson vier Jahre in einem Rudel von Wandergänsen. Er begleitete sie auf all ihren Streifzügen, erlernte ihre Sprache und brachte es zum Schluß durch geschickte Intrigen so weit, die Leitgans zu stürzen und die Macht im Rudel zu übernehmen. Nachdem er so das Vertrauen der Gänse erschlichen hatte, gelang es ihm, eines ihrer bestgehüteten Geheimnisse zu lüften. Die Frage, wieso die Wandergans ihr anvisiertes Ziel niemals verfehlt, fand eine überraschende Antwort: Sie besitzt nämlich eine Art inneren Kompaß, der ihr mit untrüglicher Sicherheit meldet, wo sich gerade ihr Bürzel befindet. Die Wandergans braucht nun nichts anderes zu tun, als konstant in entgegengesetzter Richtung zu fliegen, um ihr Ziel zu erreichen. »Dieser Kompaß scheint in der Tat unfehlbar zu sein«, berichtete Holgersson vor Kollegen. »In den vier Jahren, die ich im

Rudel verlebte, habe ich es nicht ein einziges Mal beobachtet, daß eine Gans rückwärts flog.«

Natürlich sind nicht alle Experimente derart erfolgreich. So scheiterte der Versuch eines deutschen Verhaltensforschers, sich in einen Ameisenhaufen einzuschleichen, an der Wachsamkeit der Posten, die ihn trotz seiner Tarnkleidung als ungebetenen Gast erkannten.

Und auch das Vorhaben eines Kollegen, der die Lebensgewohnheiten der Regensburger Domspatzen inkognito erforschen wollte, mißlang. Als er das erste Mal den Mund aufmachte, um mitzuzwitschern, warf ihn der aufmerksame Oberspatz aus dem Rudel.

Dennoch ist der Optimismus der Jünger der jungen Wissenschaft ungebrochen, und wohl nirgendwo kommt er strahlender zum Ausdruck als in den Anfangszeilen des »Lieds der Verhaltensforscher«:

Was gibt es Schön'res auf der Welt
Als herauszukriegen, wie's Tier sich verhält? rg

## *Das Marketing*

Die Wiege des Marketing stand in Nürnberg. Als der bekannte Freund und Kupferstecher Albrecht Dürer merkte, daß der Absatz seiner Kupferstich-Passion stagnierte, fragte er in seinem Bekanntenkreis herum, was die Leute sich denn gerne ins Zimmer hängen würden.

»Eynen strammen Reutersmann«, meinten 52% der Befragten, 28% waren für »Freund Hein«, 11% votierten für »Beelzebub« und die restlichen neun Prozent verteilten sich auf »Eyn scharf nackicht weyblein«, »Eyn großes Rasenstück«, »Dürers betende Hände« und ähnlich abwegige Vorschläge.

Auf Grund dieser Befragung strickte Dürer sein Blatt

»Ritter, Tod und Teufel« zusammen, stieß mit ihm in eine Marktlücke und verdiente dabei so viel, daß er das unter Denkmalschutz stehende Dürer-Haus kaufen konnte.

Die Firmen von heute machen es im Prinzip nicht anders. Ein Fall aus der Praxis: Der Zwieback-Konsum läßt nach. Die alarmierte Zwieback-AG läßt den Markt untersuchen und stellt dabei fest, daß drei Gründe verantwortlich sind:

1. Der Zwieback gilt als hartes Nahrungsmittel, 2. Der Zwieback gilt als zu trocken, 3. Der Zwieback wird als Nahrung für Kinder angesehen.

Das Management zieht die Konsequenzen und bringt einen flüssigen Zwieback auf den Markt, der, mit 40% Alkohol angereichert, lediglich an Erwachsene verkauft werden darf. Um jede Assoziation mit Opas Zwieback zu unterbinden, nennt er sein Produkt »Doppelkorn« und verdient sich eine goldene Nase.

Ein extremes Beispiel? Gewiß. Und nicht immer gibt der Erfolg dem Marketing recht. Als abschreckendes Beispiel kursiert in der Branche die »Leichenwäscher-Schokolade«. Leichenwäscher – so hatte die Statistik ergeben – lagen in ihrem Schokolade-Konsum haustief unter dem anderer Berufsgruppen. Warum? Nun, mit ihren nassen, seifigen Händen mochten die Leichenwäscher während ihrer Arbeit ganz einfach keine Schokolade anfassen. Die Hersteller konterten mit einer extrem fahlen, nassen und seifigen Schokolade, die den Geschmack der Hände noch übertönen sollte. Vergebliche Liebesmüh! Das falsch gemarktete Produkt fand keine Käufer und mußte schließlich umgetütet und – wegen seines leicht süßlichen Aromas – als »Kinder-Seife« verschleudert werden. Denn, wie schon eine alte Marketing-Regel sagt: »Man kann dem Kunden zwar etwas andrehen, was er nicht braucht, was er nicht kauft, jedoch nie.« rg

## *Prost Putz!*

Am 13. März wird, wenn alles gut geht, der Ratzeburger Robert Putz II in seinem neuen Heim an der Bergstraße seinen 60. Geburtstag ausgiebig feiern, wie wir ihn kennen. Noch heute genießt er in vielen Schichten unserer Bevölkerung eine fast kultische Verehrung in seiner Eigenschaft als Bademeister des Ellwanger Gustav-Freitag-Bades.

Unter seiner Ägide nahm das Ellwanger Badeleben einen bis dahin ungeahnten Aufschwung. Wer einmal Robert Putz II in seinem Hallenbad erlebt hat, wird ihn nie wieder vergessen können. Wie er hier ein altes Mütterchen auf den 5-Meter-Turm geleitet, dort ein junges Mädchen, ein Kind fast noch, vom nassen Tode errettet, da einem Langstrekkenkrauler ein kühles Bier bei der Wende zureicht, dann im Kreise international bekannter Lyriker und namhafter Vertreter des kirchlichen Lebens durchs Plantschbecken tollt und noch Zeit findet, unterdes einem ungeschickten Liebespärchen beizustehen – das macht ihm so leicht keiner nach.

Wenn er demnächst, an seinem Ehrentage, mit einem Gefühl der Schwermut und des Leichtsinns an seinem 25-Meter-Bassin steht und vielleicht auch derer gedenkt, die dort wohl schon ihr Bad genommen haben und munter rumgeschwommen sind – dann, aber nur dann, wollen wir ihm aus der Ferne zurufen: Robert Putz II – wir werden dich nicht so schnell vergessen!

Falls er aber im Kreise seiner Anhänger in Blohms Bier-Bar sitzt und sich fröhlich vollaufen läßt, dann gilt: Prosit Robert Putz II! Und weiter so!

Herzlichen Glückwunsch, Robert Putz II! fwb

## *An meine Söhne*

Zum Geleit: Ich sage euch wohl nichts Neues, wenn ich euch sage, daß ich soeben sagte, daß ich euch »nichts Neues« gesagt habe. Beachtet das bitte bei der Lektüre der folgenden Zeilen.

Seid immer anständig zu mir, vergeßt nie, daß ich euer Vater sein könnte.

Hütet euch vor Menschen, die euer Bestes wollen. Denn das ist und bleibt nun mal euer Bargeld.

Redet nicht schlecht von den Distelfinken. Denkt stets daran, daß es ein Distelfink war, der seinerzeit – ach nein, das war ja gar kein Distelfink. Also, meinethalben, redet schlecht von den Distelfinken.

Ihr sollt nicht und es dann doch tun.

Seid gut zu den Armen. Wenn ihr die nicht hättet, würden euch die Rucksäcke dauernd runterfallen. Nur zum Beispiel.

Wo zum Weib ihr nicht die Tochter wagen würdet zu begehren, haltet euch zu wert, um gastlich in dem Hause zu verkehren. Es sei denn, ihr wollt bei der Mutter landen.

Laßt euch nicht durch Schmeicheleien verwirren. Seht: Der Schmeichler ist doch oft nur ein dummer Süßholzraspler, während ihr klug, wohlgestalt und hochgewachsen seid; ja, ihr seid schön, meine Söhne, schön seid ihr. (Schön doof, Anm. d. Vaters.)

Beim Essen gehören die Hände auf und nicht unter den Tisch. So kommt ihr schneller an die Pastetchen.

Seid nicht wie das Wasser im Wind, das sich da kräuselt, wenn es säuselt, seid lieber wie Vorstopper Schwarzenbeck: umsichtig, raumdeckend und ungeheuer spurtschnell.

Es gibt zwei Sorten von Menschen: solche, die vorn und solche, die hinten nicht mehr hochkommen. Es liegt an euch, zu welchen ihr dereinst gehören werdet!

Zum Ausklang: Wenn es stimmt – und es stimmt nicht –,

daß die Sonne ein Pfannekuchen ist, dann sollte es einen eigentlich ein klein wenig mehr verwundern, wieso es im Sommer immer so schön warm ist.

Denkt auch darüber einmal nach! rg

# WIMS-INTIM ZUM LETZTEN

**2. 9.** Soeben fiel uns etwas auf: Seit zig Jahren schon nimmt ein rundlicher, ca. 1 Meter 60 großer Herr an unserer 11-Uhr-Konferenz teil, trinkt nichts, sagt nichts, bringt nichts, fragt nichts.

Bisher hielten wir ihn für den rheinischen Merkur – frage uns keiner, warum –, heute nun meinte unser Gewährsmann Puschl, das sei eine Zeitschrift. Wer aber ist dann der rundliche, 1 Meter 60 große Herr? Wird er irgendwo vermißt? Hat irgend jemand Verwendung für ihn? Hier stört er nämlich. Interessenten wenden sich bitte an uns; Stichwort: »Der kleine Unbekannte«.

**14. 9.** Geahnt haben wir es schon immer, seit zwei Tagen wissen wir es: Leihbischof Klamm leidet unter einer Profilneurose. Will sagen, er leidet unter der krankhaften Angst, ein Profil zu haben. Ist natürlich alles nur Neurose – seit ihm Chefredakteur Zirfeld während eines Wiederbelebungsversuchs die Nase abgebissen hat, kann davon nicht mehr die Rede sein. Er aber glaubt's nicht. Tobt rum: »Beschwindelt mich nicht!« schreit er. »Ich habe soo einen Zinken im Gesicht!«

»Ist gebongt«, sagen wir, »Ihr habt soo einen Zinken im Gesicht.« Darauf tobt er um so ärger: »Ich hab's geahnt, ich hab' ein Profil ...« usw., usw. Nun haben wir ihn in Weilheim einliefern müssen, wo man ihm auf operativem Wege den Kopf entfernen will. Aber ob der Leihbischof dann Ruhe geben wird?

**12. 10.** Unser Redaktionsbote Dr. Golz kommt kreidebleich ins grüne Chefzimmer, draußen stehe der Leibhaftige und wolle ein Manuskript anbieten. Chefredakteur Zirfeld bleibt gefaßt, bittet den Gast herein, überfliegt den Beitrag, der sich als ziemliches Feuilleton entpuppt – Überschrift: »Ein Tag im Fegefeuer«, Unterzeile: »Beobachtungen am Fegesrand« –, erklärt dem Beelzebub, der Beitrag sei leider nichts für uns, und wirft ihn hinaus. Später freilich tut es ihm dann wieder leid. »Denn schreiben konnte er natürlich wie der Teufel«, erklärt er uns.

**23. 10.** Immer mehr Manuskripte gehen bei uns ein. Immer schwerer fällt es den beiden Zurückschickern, jedesmal einen persönlichen Brief beizulegen. Nun soll ihnen ein Vordruck diese Arbeit erleichtern. Zwei Entwürfe stehen zur Diskussion. Und das ist der andere:

Sehr geehrter etc.
Das Manuskript, das Sie geschickt,
War in der Mitte durchgeknickt,
Sowie in Worten abgefaßt,
Was nicht in uns're Zeitschrift paßt.
Und schließlich wollen Sie noch Geld,
Was uns prinzipiell mißfällt.
Damit Sie uns're Meinung wissen,
Selbst der Inhalt war bescheiden,
Das ist kein Werturteil,
Hochachtungsvoll Franz Speil.

So weit also der Absagebrief, der eigentlich schon im Druck sein könnte. Doch bevor das geschieht, muß Leihbischof Klamm noch sein Placet geben. Und der kann's nicht finden. Meint, er habe es irgendwo liegenlassen. Falls Sie es sehen – es ist vorne ausgebuchtet und hinten hängt ein t dran –, schicken Sie es uns dann?

**3. 11.** Ein Umlauf läuft in der Redaktion um. Überschrift »Stramm vertraulich.« Inhalt: Der Redaktionsbote Dr. Golz wird zum Redaktionssprecher ernannt. Seine Funktionen: Immer wenn Chefredakteur Zirfeld morgens hereinkommt, muß er »Guten Morgen, Herr Chefredakteur!« sagen. Abends aber hat er ihm ein »Guten Abend, Herr Chefredakteur« nachzurufen. Mit dieser Funktion verbunden sind eine Schmutzzulage und ein anschißfreier Sonntag im Quartal.

**23. 11.** Was ist mit Leihbischof Klamm los? Unter aufgeregtem Schwenken zeigt er ein Stück Papier.

»Hier, eben gekauft. Ein Original-Brief von Goethe an Frau von Stein!«

Das Papier macht die Runde, bis zu F. W. »Zeilenschinderhannes« Bernstein: »Hm... Ist der Brief auch echt?«

»Aber sicher! Steht doch Goethe drunter!«

»Na ja, ich frage ja nur, weil Goethe hier ›Kino‹ mit ›ie‹ schreibt...«

Betretenes Schweigen, doch da springt unser Redaktionsgast A. Usgeglichen in die Bresche: »Hier. Zwei Zeilen weiter, da schreibt Goethe ›Leasing‹ auch mit ›ie‹, und hier, im letzten Absatz: ›Kiebernetiek‹...« Befreites Gelächter, und schon hat Goethe in unserer Redaktion seinen Spitznamen weg: »Der olle ie-Schreiber von Weimar...«

**12. 12.** Und abermals haben wir uns von einem Korrektor trennen müssen, Herr Hering geht. Unbotmäßig und verstockt war er seit Anbeginn, doch dann wurde er auch noch frech.

»Wieso steht denn hier in meiner Glosse: ›In heintjescher Nacktheit tanzten die Direktoren um den Vorstandssessel herum?‹« bellt Chefredakteur Zirfeld Hering an. »Ich hatte doch ausdrücklich in heidnischer Nacktheit geschrieben!«

»Das hielt ich für einen Schreibfehler«, entgegnet Hering kühl.

»Wieso?«

»Weil ich niemanden namens Heidni kenne.« Das war vor drei Wochen.

Vorgestern nun liest F. K»ullerpfirsich« Waechter die Bürstenabzüge seiner letzten Kunstkritik und stößt auf folgenden Satz: »Mit einem munteren Glied auf den Lippen betrat die Sopranistin Selma Moffel die Bühne des gutbeheizten Stadttheaters.«

»Fällt Ihnen denn an diesem Satz gar nichts auf?« fragt er Hering lauernd.

»Ich habe auch schon überlegt, ob ›Bühne‹ wirklich mit einem Mohrrüben-H geschrieben wird«, ist dessen Antwort.

Nun ist er weg. Und das Dreckfelertuffelchen kan sisch dih Hämde raim...

**11. 1.** Wie unser Redaktionsbote Dr. Golz strahlt! Was hat er nur?

»Dem hab' ich es aber gegeben!«

»Wem denn?«

»Na, dem uniformierten Typen in der Linie 13.«

»Wieso denn?«

»Kommt der auf mich zu, tippt an seine Schirmmütze und sagt: ›Geben Sie mir Ihren Fahrschein‹.«

»Und?«

»Und ich konter eiskalt: ›Wie komm ich denn dazu? Kaufen Sie sich doch selber einen!‹«

Verblüfftes Schweigen, dann faßt Chefredakteur Zirfeld unsere Eindrücke in einem einzigen Zweizeiler zusammen: »Das war mal wieder echt Dr. Golz/Wir sind alle auf ihn stolz!«

**15. 1.** »Meine alten WimS-Ausgaben liegen überall rum, ist das recht so?« – dieser Leserbrief bewog leitende Herren, auf Abhilfe zu sinnen. Ihr Vorschlag: Ein geschmacklos dekorierter Schuber, in den man alte WimS-Ausgaben stopfen kann, und der gegen Aufpreis auch in einer vom Leihbischof Klamm gesegneten Fassung geliefert werden soll.

**11. 2.** Elf-Uhr-Konferenz. Der brain-storm zum Thema »Umweltverschmutzung« hat uns zum Thema »Brautwerbung« geführt – (»Stimmt, es ist alles so dreckig!« – »Nicht nur dreckig, auch laut.« – »Apropos laut – ich habe eine neue Braut!« – »Ich habe auch mal geheiratet.« – »Ach ja? Wie war das denn ...?« –, und Robert Gernhardt erzählt, wie er um die Hand seiner Auserwählten anhielt: »Das war ganz einfach. Ich fragte das Fräulein Almut lediglich ›Gnädiges Fräulein Almut, wollen Sie gern hart bleiben oder Gernhardt werden?‹«

»Oho!« und »Geschliffen formuliert!« begeistert sich die Redaktionsrunde, nur unser Leihbischof schaut noch düsterer als sonst drein.

»Warum diese Düsterkeit?«

»Weil mir eben klar geworden ist, daß ich auf diese Weise nie zu einer Frau kommen werde.«

»Aber wieso denn nicht?«

»Wie hört sich das denn an: Liebes Fräulein, möchten Sie gerne klamm bleiben ...«

Und Leihbischof Klamm blickt derart säuerlich in die Runde, daß ihm Zirfeld spontan einen Drops abgibt ...

**21. 3.** »Warum sitzen eigentlich nur Männer um mich herum?« erregte sich Chefredakteur Zirfeld, als sich jüngst seine Augen wieder so weit öffneten, daß er seine Redaktionsrunde voll überblicken konnte. So wurde denn eine Frau eingestellt: Hanna Knurr. Gestern nun legte sie ihre erste journalistische Arbeit vor: »Stadtbein und Spielbein – Davids Michelangelo vom Standpunkt des Stehens aus betrachtet.«

F. W»ackelpudding« Bernstein, unser chef du texte, überfliegt die Glosse und moniert ad hoc drei Punkte: 1. Standbein, nicht Stadtbein! 2. Michelangelos David! 3. Griffigere Überschrift!

Heute nun zeigt Frau Knurr den überarbeiteten Beitrag:

»Standbein und Landbein – Michelangelos David, der Steher unter den Standbildern«.

»Das klingt schon anders!«, freut sich Bernstein.

»Nicht wahr? Das ist doch ein Unterschied wie Tausend und eine Nacht!« schmunzelt Frau Knurr. Ergänzt Chefredakteur Zirfeld, als ihm die Geschichte hintertragen wird: »Von solchen Frauen sollte es hunderte geben. Leider gibt es tausende...«

**2. 3.** »Was können wir tun, um die Leser-Blatt-Bindung noch stärker zu intensivieren?« fragt Chefredakteur Zirfeld bohrend.

»Wie wär's mit einer Rubrik ›Sie fragen – wir antworten‹?« entgegnet Mr. A. Usgeglichen verschlafen.

»Ach was! Die Sache darf doch nichts kosten!« bellt Zirfeld zurück, und so wird denn die Rubrik »Wir fragen – Sie antworten« geboren, die nun und hier Premiere feiert:

WIR FRAGEN – SIE ANTWORTEN

Es waren einst zwei Menschen,
Sie hießen Abel und Kain,
Der Kain schlug seinem Bruder
Im Zorn den Schädel ein.
Sag: Wer willst du sein
Abel oder Kain?

Antworten Sie uns mal? Abel bitte nicht so laut, wir haben schließlich noch wichtigere Dinge im Kopf.

**7. 5.** »Gewiefter Literatur-Redakteur gesucht« – auf diese Anzeige hin stellt sich ein Herr Morich vor.

»Haben Sie irgendwelche Referenzen?« fragt ihn Chefredakteur Zirfeld.

»Gott behüte, ich bin kerngesund«, lautet die Antwort.

»Gut. Na dann nennen Sie mir mal drei Bücher, die Sie in der letzten Zeit gelesen haben!«

»Bücher? Also sehr beeindruckt hat mich ›Früchte des Korns‹ ...«

»Verfasser?« fragt Zirfeld.

»John Steinhäger«, kommt es wie aus der Pistole geschossen.

»Bon. Und das zweite?«

»›Also sprach Zahnarzt Thustra‹. Hat mich sehr beeindruckt – schon vom Gedanklichen her enthält das Werk einige echte Hämmer ...«

»Ist bei Hegel ja die Regel«, sagt Zirfeld anerkennend. »Und das dritte Buch?«

»›Meyers Konföderations-Mexiko‹ – ich meine die große Ausgabe, die mit den vielen Bildern, besonders aber den Band Fünf, Ebul bis Ezechiel ...«

»Und was hat Ihnen gerade an diesem Band so gut gefallen?«

»Da kommen so viele E's drin vor, auf denen steh ich.«

»Hm ... In meinem Hause schätzen wir die E's nicht so sehr«, sagt Zirfeld gedehnt. »Aber machen wir mal einen Versuch mit Ihnen. Die Kleiderkammer ist rechts.«

Und da wartet auch schon Kalfaktor Korn mit einem nagelneuen Halseisen ...

**12. 6.** Kameradschaftsabend der WimS-Redaktion im Löwenstübchen, angekündigt war ein Lichtbildervortrag, doch angesichts des vollbesetzten Raumes trauten sich die Lichtbilder mal wieder nicht, den Schnabel aufzumachen. Statt dessen meldet sich Leihbischof Klamm zu Wort: »Also heute habe ich vielleicht was erlebt!«

»Ei, was denn?«

»Ich schlendere die Straße entlang, vor mir gehen zwei Männer, da sagt der eine zum anderen:

Du, laß mich doch auch mal in der Mitte gehen ...«

»Ja und?«

»Und was?«

»Hat der eine den anderen in die Mitte gelassen?« fragt Chefredakteur Zirfeld erregt und beugt sich augenspitzend vor.

»Tja, das entzieht sich leider meiner Kenntnis, weil ich doch gerade so nötig beten mußte und daher im nächsten Tempel – Sie verstehen?«

»Apropos beten – wissen Sie, wo man auch nett beten kann?« mischt sich unser Redaktionsgast Mr. A. Usgeglichen ein: »Im Markus-Dom. Als ich im letzten Sommer mit deiner Frau dort war...«

»Apropos Frau!« brüllt unser Redaktionsbote Dr. Golz dazwischen, »Da ist mir neulich vielleicht eine...«

Und endlich sind wir beim Thema...

**18. 7.** 11-Uhr-Konferenz im grünen Chefzimmer, und wieder einmal stellt sich die Frage: »Wie kriegen wir das nächste Heft voll?«

»Ich hätte da ein Thema...« räuspert sich Gernhardt.

»Ja?«

»Mir ist aufgefallen, daß erstaunlich viele bedeutende Männer Namen tragen, die irgendwie mit Nahrungsmitteln und dem Essen zusammenhängen...«

»Ja? Welche denn?«

»Nun, Helmut Kohl... Otto Hahn... Max Brod...«

»Hm«, überlegte Chefredakteur Zirfeld. »Klingt interessant. Aber es müßten noch mehr Beispiele her...«

»Johann Mario Semmel!« ruft Redaktionsbote Dr. Golz keck.

»Richtig! Weitere Vorschläge?«

»Maxim Gurki!«

»Sehr gut! Und? Weiter?«

Und auf einmal reden alle durcheinander: »Arthur Schnitzel!« – »Walter Bratenau!« – »Peter Handkäs!« – »Wolfgang Amadeus Mozartkugel!« – »Thomas Manna!« – »Samuel Gebäckett!«

»Genug!« will Zirfeld abwichteln, doch Leihbischof Klamm läßt sich so schnell nicht zum Schweigen bringen.

»Kotzebue!« ruft er aus, »Ermordet von dem Studenten Sandwich!«

»Fein. Etwas für's Feuilleton. Wer schreibt's? Ja? Herr Waechter?«

»Mao Seezunge ...«

»Tse Tung!« verbessert Zirfeld giftig. »Wir wollten während der Redaktionskonferenz doch nicht mehr mit Worten spielen! Also – schreiben Sie's?«

Waechter nickt, und Zirfeld fährt fort: »Thema Nummer zwei: In China sollen die Tschu En Leihgebühren drastisch erhöht worden sein, wer ...?«

Ja liebe Leser – so wird bei uns gearbeitet. Und wie läuft's bei Ihnen?

**3. 10.** Unser Redaktionsbote Dr. Golz kommt zu spät zur 11-Uhr-Konferenz. Öhhh ... er sei aufgehalten worden.

»Wo?«

»An einem Bahnübergang.«

»Und wodurch? War die Schranke runter?«

»Nein oben.«

»Und was hat Sie da aufgehalten?«

»Oben an der Schranke war ein Mann mit einem Metermaß zugange.«

»Weshalb?«

»Das habe ich ihn auch gefragt. Und da hat er gesagt, er müsse im Dienstauftrag die Schranke nachmessen.«

»Aber das hätte er doch auch tun können, wenn die Schranke unten ist!«

»Das habe ich ihm auch gesagt.«

»Und?«

»Und er sagte, er brauche die Höhe der Schranke, nicht die Breite ...«

Chefredakteur Zirfeld schweigt einen Moment, dann sagt

er seufzend: »Schade, ein interessantes Thema, aber nichts für's Heft. Wo waren wir stehen geblieben?« Und bald dreht sich das Gespräch wieder um Absurditäten der deutschen Rechtschreibung, um die Frage etwa, warum das th bei Thür und Thor abgeschafft worden sei, während es bei Lufthansa …

**5. 1.** »Der erste Klee! Der erste Klee!« mit diesen Worten kommt unser Redaktionsbote Dr. Golz in das Konferenzzimmer geplatzt.

»Was? Im Januar? Das müssen wir bringen! Bernstein, recherchieren Sie!« bellt Zirfeld und wendet sich an Golz: »Erzählen Sie! Wie entdeckten Sie den ersten …«

»… Klee? Also ich saß in diesem Klellimbiß Ecke Kleider-Moselstraße und klupperte an meinem Klitzel, weil es so komisch nach Klaps roch, als mein Blick aus dem Fenster fiel. Und was soll ich Ihnen sagen: Wie weiße Klüre fiel der erste Klee vom Him …«

»Herr Dr. Golz«, unterbricht ihn Leihbischof Klamm, »gehe ich fehl in der Annahme, daß Sie kein Schn aussprechen können?«

Golz nickt betreten, und langsam dämmert auch Zirfeld der wahre Sachverhalt. »Schade«, sagt er schließlich. »Schade. Es wäre ein hervorragender Knüller gewesen. Ach Schnamm, Schnamm, hätten Sie bloß die Schnappe gehalten!«

Und traurig tritt er ans Fenster. Schaut ernst hinunter. Hinunter auf jenes immer weißer werdende Leichentuch, in dem Bernstein suchend umhertapert. Wo hatte er nur seinen Roller abgestellt, ja wo nur?!

**24. 4.** Wegen Terminschwierigkeiten kann die WimS-Weihnachtsandacht erst heute stattfinden. Trotzdem ist selbst das geschäftige Mucksmäuschen still, als Leihbischof Klamm den Klappaltar entert und also beginnt:

»›Es begab sich aber zu der Zeit, daß ein Gebot von dem Kaiser Augustus ausging, daß alle Welt geschätzet werde‹ – jaa, so beginnt die Weihnachtsgeschichte. Was wollen uns diese Worte sagen? Da ist Augustus, ein großmächtiger Mann, ja, ein Kaiser gar. Und was befiehlt er? Befiehlt er, daß alle Welt heruntergeputzt werde? So wie es heute ja leider Mode geworden ist? Nein. Er gebietet ausdrücklich, ›daß alle Welt geschätzet werde‹.

›Aber, aber‹, so höre ich nun euch, liebe Zuhörer, sagen, ›ist es denn überhaupt möglich, alles und jedes zu schätzen?‹ Und hören wir nicht gerade heute allenthalben Sätze wie diesen: ›Ich schätze es gar nicht, wenn man mir Rotwein über die Hose gießt?‹ Nun, meine Lieben, wer so denkt...«

»Schätze, das reicht!« schreit da Chefredakteur Zirfeld dazwischen.

»Herr Zirfeld, ich frage mich...« setzt Klamm an.

»Gegenfrage«, brüllt Zirfeld: »Welches Getränk ist seit der Währungsreform nicht teurer geworden? Das Freibier, von dem ich übrigens ein Glas im Nebenzimmer habe auffahren lassen, das nun...«

Und – hast du nicht gesehen? – leert sich die Kapelle. Kannst du auch gar nicht gesehen haben, lieber Leser, warst ja nicht dabei. Tja, Pech für dich, denn es wurde noch ein grooober Weihnachtsabend...

**12. 8.** Der 12. 8. schwingt sein Szepter, und dieses Datum ist, wie jedermann weiß, der Geburtstag unseres Redaktionsgastes Mr. A. Usgeglichen. So will sich denn auch niemand lumpen lassen: Waechter überreicht dem Jubilar einen mundgetöpferten Aschenbecher, in den er eine Allegorie des Lungenkrebses gestickt hat; Bernstein legt dem Geburtstagskind ein Grundgesetz auf den Gabentisch, das er in seiner Freizeit aus Abermillionen von Streichhölzern nachgebaut hat; Leihbischof Klamm spendet ihm kostenlos ein äußerst rares Sakrament; der Redaktionsbote Dr. Golz wartet mit seiner greisen Braut auf; Frau Küsel schenkt ihm seine Aufmerksamkeit; und auch Gernhardt hat etwas zur Feier mitgebracht, einen Mordshunger. Nur Chefredakteur Zirfeld fehlt – wie stets bei Geburtstagsfeiern. Angeblich hat er sich ausgerechnet am Vorabend das Auge verstaucht. Zufall oder Scheusal? Auf diese Frage mögen sich unsere Leser einen Reim machen. Wir von der Redaktion dürfen das laut Anstellungsvertrag leider nicht.

**8. 10.** Erinnern Sie sich noch? Vor einem Jahr riefen wir über den Polizeifunk zu einem großen Preisausschreiben auf. Wir nannten Ihnen die Anfangszeilen eines ganz unbekannten Gedichts eines ganz unbekannten Dichters, und Sie sollten es zu Ende dichten:

Sah ein Knab' ein Röslein stehn,
Röslein auf der Heiden,
Ging er hin, es nah zu seh'n
Sah's mit tausend Freuden...

So hatte das Gedicht begonnen, und bekanntlich hatte Herr Eberhard Misu damals für seine Weiterdichtung einen guten ersten Platz belegt:

Und das Röslein war so rot,
Und der Knab' so mehlig,
Rupft' es aus und nahm's nach Haus,
Mütterlein war selig!

Damit hielten wir den Fall für abgeschlossen, doch zwei Gründe zwingen uns, ihn noch einmal aufzurollen. Einmal, weil ein Herr Hempel uns dauernd schreibt, er habe eigentlich den ersten Platz verdient, seine Weiterdichtung sei doch viel – aber lesen Sie selbst.

Hob' es auf und dreht' daran
Schaute lauernd um sich,
Endlich ging das Döslein auf,
Inhalt: Zwei Mark Fumssich...

Unser Rat an Herrn Hempel: Bevor Sie uns wieder schreiben, lernen Sie erst mal lesen. Im Original-Gedicht hieß es nämlich Rrröslein, nicht – Schwamm drüber!

Ja, und dann fragen immer wieder Leser, die nicht richtig zugehört haben, an, wie das Originalgedicht denn nun weitergeht. Hier also noch einmal und nie wieder die eigentliche Fassung des Liedleins, das übrigens demnächst mit Leihbischof Klamm in der Hauptrolle verfilmt werden soll:

Sah ein Knab' ein Röslein stehn
Röslein auf der Heiden,
Ging er hin, es nah zu seh'n,
Sah's mit tausend Freuden,
Warte nur balde ruhest du auch.

**31. 12.** Die Neujahrsnacht feiern wir wie immer mit siebzig unserer treuesten Leser, die auf unsere Einladung hin in die Redaktion gekommen sind. Das heißt, es sind mehr Leserinnen, will sagen, treu sind sie eigentlich nicht, weil sie durchweg WimS gar nicht kennen, und Leserinnen, also woll'n mal sprechen, richtige Leserinnen sind es natürlich auch nicht, weil sie ganz einfach Besseres zu tun haben, als zu lesen.

Das wird jeder gerne glauben, der die süßen Käfer in der Sylvesternacht herumhüpfen sah, und dazu gehöre ich leider nicht. Wie ja die ganze Redaktion von der Feier ausgeschlossen war, da Chefredakteur Zirfeld mit seinen Gästen unter sich bleiben wollte. Typisch Zirfeld... bzw. Abdul Hamid Ben Zirfeld, wie sein vollständiger Name lautet...

**20. 1.** 11-Uhr-Konferenz, gerade hat F. W»ohlwahnsinniggeworden« Bernstein die Order bekommen, bis zum nächsten Dienstag die Treue der deutschen Frau zu recherchieren, da meldet sich unser Redaktionsbote Dr. Golz: »Ich hätte da ein sehr lehrreiches Beispiel auf Lager...«

»Bitte!«

»Eine bayerische Bäuerin will sich scheiden lassen und konsultiert den Rechtsanwalt.

›Trinkt Ihr Mann?‹ will der wissen.

›Na.‹

›Gibt er Ihnen kein Geld?‹

›Jeden Pfennig.‹

›Und wie steht es mit der ehelichen Treue?‹

›Da pack'm ma ihn‹, ruft die Bäuerin begeistert. ›Dös zweite Kind is net von ihm!‹ Ist das nicht...«

Doch da geschieht es. Gerade will Chefredakteur Zirfeld anerkennend mit dem Kropf nicken, gerade hat Leihbischof Klamm kurz nachgerechnet, ob er als Vater des zweiten Kindes in Frage kommt, da öffnet sich knarrend die Hosentür und herein tritt... (wird vielleicht fortgesetzt)

**2. 2.** Elf-Uhr-Konferenz. Leihbischof Klamm hebt den Finger:

»Mein Chefredakteur! Wir werden eine Berichtigung in das nächste Heft einrücken müssen!«

»Ei wieso denn?«

»Als wir unlängst behaupteten, alle bedeutenden Männer hätten seltsamerweise Nahrungsmittel als Nachnamen, irrten wir!«

»So?«

»Jawohl. Es handelt sich nicht um Nahrungsmittel, sondern um Alkoholika.«

»Beweise?«

»Wolf Biermann, Calvadostojewski, Jean Genever, Joseph Cognac...«

»Das sind nach Adam Riesling aber erst vier Namen«, kontert Zirfeld kühl, »Weiter!«

»Peter Weißwein, Joseph Rotwein, Aquavittgenstein, Wermut Heissenbüttel, Hans Magnus Enziansberger, Albert Schampus...«

»Wie bitte?«

»Oder Schampü, wie der Franzose sagt, Selma Lagerbier, Simone de Bommerlunder...«

»Moment mal! Die Frau heißt immer noch Beauvoir!«

»Irrtumsk, Irrtumsk!« kreischt Klamm, »Beauvoir heißt doch ›Auf Wiedersehen‹.«

»Stimmt«, gibt Zirfeld bedrückt zu, doch dann plärrt er elegant zurück: »Na denn Beauvoir bis zum nächsten Mal, meine Herren! Ich muß noch etwas im fünften Buch Mosel herumblättern, mein Artikel über den Apostel Paulaner – Sie verstehen...«

Zirfeld – wenn es ihn gäbe, müßte man ihn nicht erfinden...

**24. 4.** Wir haben Besuch. Kollegen von der »Welt am Zahltag« schauen herein, Männer vom Fach sind's, die bedächtig durch die Redaktionsflure schreiten und mit schwieligen Händen, die doch so unendlich zart zupacken können, in den Manuskripten blättern.

»Alles selbst abgeschrieben?« fragen sie etwa den Redaktionsboten Dr. Golz.

»Ja«, antwortet der Angesprochene, und aus unter buschigen Brauen versteckten Augen erreicht ihn dann wohl ein anerkennender Blick, der mehr wert ist als manche lange Lobhudelei.

Oder sie greifen bedächtig in den Zettelkasten und lassen die Zettel durch die Finger rinnen.

»Wird ein gutes Glossenjahr«, sagen sie kennerisch, »und auch das Editorial scheint gut im Halm zu stehen; nur die Meldungen kommen uns für die Jahreszeit etwas zu kurz geraten vor...«

»Sind auch Kurzmeldungen.«

»Ja, dann...«

Anschließend genehmigen sie sich noch einen Köhm, schauen in die Versuchsbüros, wo Chefredakteur Zirfeld ihnen die Neuzüchtungen zeigt – extrem denkarme Jungredakteure, die sechs, statt wie bisher vier Artikel pro Tag legen –, und dann gehen sie wieder. Und einer dreht sich wohl auch noch um und sagt, die Kappe zwischen den Pranken drehend: »Ja, ja, wer Qua sagt, muß auch Litätsjournalismus sagen...«

Und dann geht auch er. Wurde auch Zeit...

**14. 7.** Das Telefon klingelt und eine Frau verlangt unseren Rechtsberater Persönlich zu sprechen.

»Hab zu tun!« bescheidet Persönlich die Sekretärin, doch die Anruferin läßt sich nicht abwimmeln:

»Sagen Sie Ihrem Rechtsberater bitte, Frau Mörder Mielke sei am Apparat« – die Titelsucht mancher Ehefrauen treibt manchmal doch allzu arge Blüten!

**21. 7.** Unser Redaktionsbote Dr. Golz verabschiedet sich. Zusammen mit seiner greisen Braut will er zwei Wochen lang auf den Spuren des Apostels Paulus durch die Lüneburger Heide wandern.

»Auf welchen Spuren denn?« fragt Chefredakteur Zirfeld erstaunt. »Der Mann war doch nie da oben!«

»Nein? Nun, wenn ich nicht auf seinen Spuren wandern kann, werde ich im Notfall halt auf meine eignen Beine zurückgreifen müssen.« Spricht's und geht. Verfolgt von seiner greisen Braut...

**14. 9.** Leihbischof Klamm kommt sichtlich erregt in die Elf-Uhr-Konferenz. Und das um 14 Uhr 30...

»Tut mir leid, daß ich mich verspätet habe... War beim Arzt...«

»Und?«

»Wir müssen was über die Ärzte bringen! Was die sich herausnehmen!«

»Was denn?«

»Also ich komme in die Praxis von Professor Spekulatius, er mustert mich kühl und sagt dann: ›Machen Sie mal Ihr Portemonnaie frei!‹«

»Weiter!«

»Ich öffne also mein Portemonnaie, da bellt der Professor: ›Oh! Da wuchert ja ein Fünfzigmarkschein! Sieht böööse aus, mein Lieber... Werden wir wohl gleich operativ entfernen müssen... Schwester! Zange! Tupfer...‹«

»Und dann?«

»Dann hat er ihn herausgenommen.«

»Tz, tz, tz... Was sich die Ärzte alles herausnehmen!« Finster schüttelt Chefredakteur Zirfeld den Kopf. »Wer geißelt's?«

Und plötzlich sehen alle Redakteure ganz krank aus.

**2. 10.** Es gibt schon tragische Fälle. Da erreicht uns dieser Tage ein dralles Kuvert. Absender Diplompolemiker Dettweil. Absendedatum: 2. 4. 59. Inhalt: Polemische Verse, die in schärfster Form den Ungeist der Zeit geißeln – der Zeit der späten 50er also...

Chefredakteur Zirfeld überfliegt die Zeilen, sein Gesicht wird immer bedrückter. »Mein Gott, Klamm, wenn uns diese Verse vor 15 Jahren erreicht hätten...« Und er gibt die Blätter weiter... »Gegen die selbsternannten Sittenrichter in Wiesbaden« lesen wir da etwa, »Der freiwilligen Filmselbstkontrolle ins Stammbuch«:

Geile, geile Gänschen,
die Schere macht schnipp schnapp,
im Film, da ist ein Schwänzchen,
das schneiden wir jetzt ab.
Geile, geile Weiberspeck,
wir schneiden alle Titten weg...

Verse, die nur so funkeln vor Spottlust und Esprit, und doch... Oder das »Epigramm wider die Wiederaufrüstung«:

›Volk ans Gewehr‹ –
Wenn ich das schon her!

Ein Zweizeiler von blendender Prägnanz, und trotzdem...

»So etwas mußte nun 15 Jahre lang in einem verlegten Postsack schlummern, während Minderdichter vom Schlage eines Beckenbauer heute den großen Libero markieren dürfen«, kreischt Zirfeld. »Meine Herren – hier ist eine moralische Schuld wieder gut zu machen. Ich denke da an einen Artikel, Überschrift »Polemiken, die uns leider, leider 15 Jahre zu spät erreichen – wer schrei...«

Doch wie immer in solchen Fällen ist der Konferenzraum »plötzlich« leer. »Zufällig« müssen alle ganz rasch »pieseln«...

**4. 3.** Die 11-Uhr-Konferenz im grünen Chefzimmer ist fast zu Ende, da meldet sich unser Redaktionsbote Dr. Golz zu Wort: »Hätte da noch ein Thema...«

Chefredakteur Zirfeld schaut interessiert hinunter: »Ja?«

»Ja. Wir sollten einmal etwas gegen die Terror...«

»›Den Terror‹ heißt das. Weiter!«

»Ich meine, daß wir etwas gegen die Terroror...«

»Den Terror! Und stottern Sie nicht so rum!«

»Aber die Terroror...«

»DER Terror! Und lassen Sie endlich das oror! Das ist ja schrecklich! Wogegen sollen wir etwas schreiben?«

»Gegen die...«

»Den!«

»Terroror...«

»Terror!«

Unser Redaktionsbote schweigt einen Moment, dann seufzt er: »Also gut! Ich wollte vorschlagen, etwas gegen den Terrorganisationen zu schreiben...«

»Lernen Sie erst mal reden!« bellt Zirfeld, doch da läutet das Glöcklein, das uns zum Betriebsausflug ruft. Und vor dem WimS-Portal, da wartet er auch schon, der Bums-Bomber nach Bangkok...

**5. 3.** Mitten in die 11-Uhr-Konferenz platzt ein Briefbote, überreicht Leihbischof Klamm ein Brieflein mit Trauerrand, der blickt drauf und sagt erbleichend: »Oh! Mein Vater ist gestorben!«

»Woher wollen Sie das denn wissen, Sie haben den Brief doch noch gar nicht geöffnet«, wendet unser Redaktionsbote Dr. Golz ein.

»Ich werde doch wohl noch die Handschrift meines Vaters erkennen!« schreit der Leihbischof, und er hätte wohl noch weiter geschrieen, hätte nicht Zirfelds energisches »Schnüss« alle wieder zum Konferenzthema zurückgebracht: »Vor 200 Jahren übersetzte Papst Nautilus die Bibel ins Katholische. Wer schreibt etwas darüber?«

**10. 3.** 11-Uhr-Konferenz im grünen Chefzimmer, doch statt der sonst strahlenden Gesichter lassen heute alle ihre Köpfe hängen. Zu nah sind noch die peinlichen Vorfälle von gestern...

Wir waren nämlich eingeladen gewesen – oh, wären wir doch nie hingegangen! Dabei hatte alles so gut begonnen...

In unseren besten Ausziehanzügen waren wir im Bundesverfassungsgericht erschienen, das uns gebeten hatte, im Rahmen einer kleinen Feierstunde sein neuestes Schandurteil zu begießen. Doch dann hatte Chefredakteur Zirfeld der Teufel geritten... »Wie wär's – wollen wir nicht ein Hoch auf das Bundesverfassungsgericht ausbringen?« hatte er uns zugetuschelt.

WIR *zurücktuschelnd* Klar!

ZIRFELD Meine Damen und Herren, könnten Sie für einen Moment Ruhe eintreten lassen?

RUHE *von links kommend* Bin schon da!

ZIRFELD Liebe WimS-Redaktion, dem ruhmreichen Bundesverfassungsgericht ein dreifaches Happ happ...

WIR Hoho!

ZIRFELD Äh... Hepp hepp...
WIR Huhu!
ZIRFELD Na! Hupp hupp...
WIR Hähä!

Und dann waren wir im allgemeinen Gelächter wie bepudelte Gossen, na! Wie begosselte Puden, na, na! Auf jeden Fall war es fix peinlich gewesen – doch da schreckt uns Zirfelds Stimme aus den traurigen Erinnerungen: »Redakteure! Wir dürfen den gestrigen Vorfall nicht überbewerten!

WIR I wo!
ZIRFELD Wir müssen wieder neuen Lebensmut schöpfen!
WIR Sowieso!
ZIRFELD Dem neugeschöpften Lebensmut ein dreifaches Schlapp schlapp...
WIR Halloh!
ZIRFELD Na! Hopps hopps...
WIR Trara!
ZIRFELD Äh... Hicks... hicks...

Peinlichkeiten und kein Ende...

1. 4. Wie immer sprechen wir zum Beginn der Elf-Uhr-Konferenz unser Gebet, »Lieber Gott, behüte Chefredakteur Zirfeld, Leihbischof Klamm, Chef du texte Bernstein, Korrektor Knorke, Frau Küsel«, doch mitten in der Litanei räuspert sich unser Redaktionsbote Dr. Golz plotzlich...

»Mein Leihbischof!«

»Ja?«

»Was ich schon immer mal fragen wollte...«

»Ja?«

»Die Leute in dem Gebet kenne ich alle...«

»Brav!«

»Bis auf einen...«

»So?«

»Ja – wer ist eigentlich Liebergottbehüte?«

»Das ist eine lange Geschichte, mein Sohn. Liebergott B. Hüte kam eigentlich als Fürchtegott D. Mützchen zur Welt, doch als er heranwuchs ...«

Und dann erzählt Leihbischof Klamm die alte, wundersame Mär vom WimS-Gründer, und allen, allen wird es ganz licht ums Herz ...

# II

„Das Trommelfell ist
die empfindlichste
Schleimhaut."
Alfred Edel

## *Liebe – Eros – Sexus*

Auf einer Abendgesellschaft wurde der greise Casanova von einem blutjungen Mädchen gefragt, welches eigentlich der Unterschied zwischen Liebe, Eros und Sexus sei. Er schaute sie bekümmert an und antwortete sinngemäß, was der Quatsch solle.

Diese Antwort ist bedauerlicherweise auch heute noch typisch. Dabei sind diese Unterschiede ebenso wichtig wie einfach.

Beginnen wir mit der Liebe. Sie meint das geistig-seelische Eins-Sein mit einem anderen Menschen, das meistens ganz harmlos beginnt, dann jedoch dazu führt, daß das Ich den Weg zum Du findet, um schließlich in einem ewigen beglückenden Geben und Nehmen zu enden.

Der Eros ist dahingegen schon daran zu erkennen, daß er auf den ganzen Partner, auf Körper *und* Geist gerichtet ist. Leider kann jedoch auch er zu einem beglückenden Eins-Sein und all den anderen Weiterungen führen, wenn man nicht sehr aufpaßt, da die Grenzen des Eros zur Liebe hin fließend sind. Wer sich absichern will, der sollte vor allem sein Ich unter Kontrolle halten und es, wenn es versucht, sich auf den Weg zum Du zu machen, notfalls mit Gewalt zurückzupfeifen.

Der Sexus schließlich sieht im Partner ausschließlich ein Objekt der Lust. Kennzeichnend für ihn ist, daß er an die Stelle des Gebens und Nehmens das sehr viel einträglichere Nehmen setzt. Doch so erfreulich und verlockend das alles klingt – rein sexuelle Beziehungen sind ebenso selten wie schwierig zu gestalten. Sobald sie über das rein Körperliche hinausgehen – und das kann bereits mit harmlosen Fragen und Gesprächen beginnen –, schleicht sich nur allzuleicht der Eros in das Verhältnis ein und von ihm zur Liebe ist es bekanntlich kein weiter Weg.

Daher ist Wachsamkeit nirgendwo so geboten wie gerade

in den zwischenmenschlichen Beziehungen. Die geflügelten Worte Julias, mit denen sie Romeo an jenem berühmten Mittwochabend empfing – »Heute mußt du aber ganz besonders aufpassen!« –, sie gelten hier nicht nur für eine Nacht oder eine Woche. rg

## *Der Ruf der Berge*

*Wie alljährlich, so schickte uns auch heuer Luise Trinker, die Nestorin der deutschen Bergsteigerei, ein neues Konvolut von Anekdoten, Beobachtungen und Protokollen zum Thema: »Das Gebirge und seine Bedeutung für mich, für sich und für dich.« Wir sind nicht mit allem einverstanden, was die bekannte Autorin schreibt. Doch wir glauben es unseren Lesern schuldig zu sein, wenigstens eine der Gebirgsgeschichten abzudrucken, und zwar die vom Matterhorn. (Der wirkliche Name des Berges ist der Redaktion bekannt.)*

### SICH SELBST VERRATEN

Während der Bauarbeiten am Matterhornmassiv geschah es, daß zwei neueingestellte Baugehilfen kurz vor Feierabend ohne weiteres folgendes Lied anstimmten:

Zu guter Letzt kommt alles raus,
da zieht man uns die Stiefel aus
mit Pauken und Posaunen.
Dann sieht man, daß wir Schmuggler sind,
denn voller Speck ist unser Spind
und Kaffee in den Daunen...

Viele hörten dem Singen der beiden zu, doch keiner dachte sich viel dabei. Nur dem Obersteiger ließ das Lied keine Ruhe mehr...

Er achtete genau auf den Text, ja er sang an manchen Abenden zum Schein wohl auch mit, er sang mit Absicht falsch, um sich durch die arglosen Korrekturen der beiden seinen Verdacht bestätigen zu lassen. »Nicht Oboen – Pauken!« verbesserte man, und: »Nein, aber nein! Schmuggler!!! Nicht Adler!« Bald wußte er genug. Seiner Sache sicher, brach er heimlich den Spind der beiden auf – und fand ihn voller Speck. Auch die in den Daunen verborgenen drei Doppelzentner Bohnenkaffee konnten ihn nicht mehr überraschen.

»Alsdann!« murmelte er entschlossen und verhaftete die beiden seltsamen Gehilfen im Namen des Volkes und des Polizeikonnetabels von Zermatt.

Nach anfänglichem Leugnen gaben die zwei zu, das berüchtigste Schmugglerpaar von ganz Westeuropa zu sein, das sich durch unbedachtes Singen verraten habe. Der Konnetabel aber, als er von dieser Entdeckung erfuhr, ließ die Kaffeebohnen unter die Reichen und Mächtigen seiner Gemeinde verteilen und den Speck ins Meer schütten. Nur die Spinde und Daunen riß er sich selbst unter den Nagel.

Gesungen jedoch wurde noch an vielen Abenden, solange die Arbeit am Matterhorn währte. Verbürgt ist diese Strophe:

Der Berg ist mein hartes Bett,
mein Kissen aus Gestein.
Ich bin nicht reich, ich bin nicht fett,
ich bin ein armes Schwein.
Und schuld daran ist das Milieu
in gut viertausend Meter Höh',
duljöh ...

fwb

## *Der Apfel des Apoll*

Rot, leuchtendes Rot, die Farbe der Blattlaus, der Kardinäle, des Bluts – aber auch die Farbe der Tomate.

Tomate, heilige Frucht! Aphrodite – so berichtet der Mythos – soll sie einst einem Hirten geschenkt haben, der ihr einen Dorn aus der Pratze gezogen hatte. Homer besingt sie: »Wo nur selten was verpufft, pufft, pufft, von dem Duft, Duft, Duft dieser Frucht, Frucht, Frucht«, heilig war sie auch den Etruskern, die in Tomatenhainen den Beginn des Sommerprogramms feierten.

»Veni, vidi, vici« – Zwiebel, Essig, Pfeffer: bereits Caesar bereitete seinen Tomatensalat auf dieselbe Art und Weise, wie er noch heute von den Bäuerinnen der Schlampagna gekocht wird, Frucht, in der sich die Jahrhunderte die Hände reichen.

Frucht aber auch der Zwietracht. Mit einer Tomate versuchten die Epheser den Apostel Paulus zu steinigen, der HErr aber ließ sie entsetzlich baden gehen. Hinter einer Tomate versteckte sich Napoleon auf der Flucht vor den Russen. Eine Tomate führte der japanische Kaiser Hirohito in seiner Fahne, als er frevelnd Pearl Harbour überfiel, jene amerikanische Nobelpreisträgerin, die ihm ja nun wirklich nichts getan hatte.

Frucht schließlich der Gegensätze. Bestochene Dalai Lamas schmuggelten sie im Mittelalter von Paderborn nach China, in Tischtennisbällen versteckt gelangt die kostbare Fracht nach endlosen Mühen und kaum vorstellbaren Strapazen in Peking an, wo sie der Kaiser hastunichtgesehen verputzt. Eine Tomate aber war es auch, die Columbus auf die Idee von der Kugelgestalt der Tomate brachte. Und noch heute wird in Amerika die uralte Kunst beherrscht, Tomaten in Flaschen einzutüten: Indianisches Brauchtum lebt weiter in den atomgetriebenen Ketchupwerken unserer Tage.

Tomate: Frucht zwischen Gestern und Osten ... rg

## *In memoriam Picasso*

Von der Öffentlichkeit bemerkt starb am letzten Zahltag – aber machen wir es kurz.

Picasso, von dem Pablo Matisse keinmal gesagt haben soll, er sei das Pique Asso der modernen Malerei, kam eigentlich als Pablo Karobubo zur Welt, nannte sich aber nach der Familie der Mutter Max Beckmann.

Schon früh begann er zu zeichnen, zusammen mit seinem Bruder Jan van Picasso entdeckte er die Ölmalerei, eine Vorläuferin des Kubismus.

Bereits mit 12 Jahren schnitt er sich das erste Ohr ab, wenig später schon galt er in seiner Heimatstadt Barcelona als Wunderkind; diesen Titel konnte er bis zum Jahre 1956 erfolgreich verteidigen, er verlor ihn erst nach einem Stechen an Pablo Mozart.

1902 kam Picasso nach Paris und bezog dort sein erstes Atelier, das später berühmtgewordene Künstlerdomizil Sacré-Cœur. Damals war die Seine-Stadt noch das Mekka der Künstler, Muhamed Manet und Ali Renoir waren die gefeierten Größen dieser Zeit, doch bald sollte ihnen der durch einen tragischen Unfall bereits seit der Kindheit verwachsene Korse den Rang ablaufen: Seine Fresken an der bis dahin für unbemalbar gehaltenen Nordwand der Sixtinischen Kapelle nötigten selbst Pablo Grohmann, dem Kunstpapst seiner Epoche – aber wem erzähle ich das alles.

An dieser Stelle sollte vielleicht eine Legende berichtigt werden, die bis heute hartnäckig totgeschwiegen wurde: Picasso war zwar kein Zöllner, er hat dafür aber auch keine Urwaldlandschaften gemalt, ja, er war sogar nie in Mexiko. Das geht aus seinem Fahrtenbuch, das er laut Auflage der Pariser Polizei führen mußte, eindeutig hervor. Jawohl.

Picasso war nun 25, aber seine Schaffenskraft war ungebrochen. Fast ertaubt dirigierte er vor ausverkauftem Hause seinen berühmten Guernica-Zyklus, der mit dem für ihn so typischen Farbakkord Grau-Grau-Grau-Schwaaaarz beginnt und – aber kommen wir zum Schluß.

Picasso – sein Name umschließt eine ganze Epoche europäischer Kulturgeschichte. Als Kind tanzte er vor Napoleon, das heißt, Napoleon hat vor ihm getanzt, gut 150 Jahre vor ihm, aber auch später sollten große Frauengestalten seinen Weg begleiten: Käthe Kollwitz, Alma Mahler-Werfel, Marie Curie – er hat sie alle geliebt oder gemieden. Und als alter Mann noch entschloß er sich ein letztes Mal zur Ehe. An der Seite von Grandma Moses lebte und malte er auf seinem Alterssitz Malente-Gremsmoulins ein Bild nach dem anderen, und zwar genau in dieser Reihenfolge. In dem Punkte war er eigen.

Nun hat er seinen Schirm für immer zugeklappt.

Ein Frühvollendeter, der trotzdem 18 Millionen Bilder, 170 Tausend Radierungen und 12 Handzeichen hinterläßt.

Ein Spanier, der trotz aller Erfolge der gutmütige Lauser von nebenan blieb.

Ein Maler, der das stolze Wort aussprechen konnte: »Ich suche nicht, ich pinsle.«

rg

## *IKIBUMA – Die Kunst des Blumengießens*

Leopold Graf von Kalk, der Jahrzehnte in Japan verbrachte, wurde einmal gefragt, worin eigentlich der Unterschied zwischen der europäischen und der japanischen Mentalität liege.

»Das läßt sich am besten mit einer kleinen Geschichte beantworten«, entgegnete er. »Ein Europäer kommt nach Hause und findet seine Frau mit einem japanischen Geschäftsfreund in einer verfänglichen Situation. ›Runter von meiner Frau!‹ brüllt er empört. Antwortet der Japaner: ›Ich geh ja schon …‹«

Eine Begebenheit wie diese macht eigentlich sehr schön deutlich, daß Leopold Graf von Kalk ein miserabler Geschichtenerzähler war. Über die Japaner dagegen vermag uns eine Kunstfertigkeit Auskunft zu geben, die typisch für die gedrungenen Bewohner der länglichen Insel ist: das Ikibuma.

Wir Menschen des Westens betreiben das Blumengießen als rein technischen Vorgang: Wir peilen den Blumentopf mit dem Gießkännchen kurz an, dann heißt es schon »Rohr frei«, und der Rest ist Wasser. Für den Japaner dagegen ist das Blumengießen etwas ganz anderes, nämlich ein spiritueller Akt, eine Vereinigung der Elemente, eine Kunst. Eben Ikibuma.

Wer diese Kunst erlernen will, begibt sich bei einem Meister, einem Iki-san, in die Lehre und beginnt damit eine oft jahrelange Ausbildung.

Denn »Nicht ich, *es* soll gießen« – so formuliert Schlotz, ein berühmter Iki-san des 16. Jahrhunderts, das uns Westeuropäern so fremde Ziel der Ausbildung. *Es* – das meint einmal das Gießkännchen, dann aber auch jene unbewußte Kraft im Menschen, die erst durch die Ausschaltung des bewußten Willens freigesetzt wird. So ist es denn dem Schüler auch streng verwehrt, angespannt mit dem Kännchen nach dem Blumentopf zu zielen. Und nur nach langer Meditation darf er überhaupt erst nach dem Wasserbehälter greifen und sich dessen Inhalt wie in Trance über die Hose gießen – denn mehr wird ein Anfänger in den ersten Jahren kaum erreichen. Dafür werden von den Iki-san um so größere Wunderdinge berichtet. So soll Hannemann, ein Iki-san des 18. Gürtels, ein schwarz gestrichenes Veilchen bei völliger Dunkelheit aus einer Höhe von 25 Metern getroffen haben. Und vom schon erwähnten Schlotz wird erzählt, daß er seine Gießkanne von einer fahrenden Achterbahn aus so genau auf eine zwei Kilometer entfernte Kirschblüte schleudern konnte, daß dort kein Stein auf dem anderen blieb.

Doch nichts wäre falscher, als in solchen ans Unglaubliche grenzenden Ergebnissen eines lebenslangen Ikibuma-Studiums »Leistungen« im europäischen Sinne zu sehen. Nicht das *Ziel*, der *Weg* zählt für den Japaner. Und das wollen wir den sympathischen Söhnen Nippons auch in Zukunft geraten haben. rg

## *Kunst in Zahlen*

Immer wieder beklagen Kunstdirektoren und Museumserzieher das geringe Interesse weiter Bevölkerungskreise an der Bildenden Kunst. Doch das sei nun einmal nicht zu ändern, fahren sie dann gerne fort, wir lebten nun einmal im Zeitalter des Materialismus, und in einer Welt, die sich nur für Zahlen, Rekorde und technische Neuerungen begeistere, habe die Malerei als bildgewordener Geist sich mit der Rolle des Stiefkindes abzufinden. Wirklich? Gerade die Bildende Kunst bedient sich doch durchaus handfester Materialien: des Papiers, der Leinwand, der Farbe. Wäre es da nicht naheliegend, die Zeitgenossen über das Material zur Kunst zu führen?

Einen zaghaften Ansatz auf diesem Wege hat Walter Sombach in seiner Rembrandtmonographie geliefert. Er rechnete z.B. aus, daß die Gemälde Rembrandts aufeinandergestellt so breit wie der Berliner Funkturm seien, nebeneinandergelegt würden sie den Truppenübungsplatz Munsterlager zur Not bedecken – doch was sagen solche Beispiele dem Laien schon? Ihn sollte man nicht mit blutleeren Zahlenspielen langweilen, sondern vital interessieren. Daß Rembrandts Werke – in zwei Zentimeter breite Streifen geschnitten – ein Band ergeben würden, das von Flensburg bis Kassel reichte, werden die meisten mit einem Achselzucken zur Kenntnis nehmen. Wenn man ihnen jedoch sagt, daß man aus der von Rembrandt vermalten Leinwand 2500 Sakkos – das entspricht 11000 Leibchen – schneidern könnte, dann horchen sie auf, weil sie sich etwas darunter vorstellen können.

Nicht weniger fesselnd sind die folgenden Daten: Aus den Keilrahmen, die Rembrandt benutzte, könnte man eine schöne Hausbar bauen, während die von ihm aufgestrichene Farbe dazu ausreichen würde, um 250 Barhocker oder 700 Rembrandts zu bemalen.

Rembrandt freilich ist ein Maler, der die Sucht unserer Zeit nach Superlativen wie kein anderer befriedigt. Von seinen Kollegen kann sich höchstens Courbet mit ihm vergleichen. Dieser war wohl der schnellste Maler aller Zeit, der einzige, dem es gelang, einen Apfel unter der Traumgrenze von 5,2 Minuten zu malen. Was das heißt, wird deutlich, wenn man sich vergegenwärtigt, daß Cézanne, ein anderer Teilnehmer dieses Wettbewerbs, erst zwei Wochen nach dem Sieger das Ziel erreichte.

Die Malerei ist eine Kunst voller Gegensätze. Allein mit dem SchweinfurtherGrün, einer äußerst giftigen Farbe, das Renoir in seinen Landschaften benutzte, könnte man 120 Menschen – das entspricht der zehnfachen Menge der Apostel – umbringen, während die Bilder Piet Mondrians mangels jeden Grüns völlig ungiftig sind. Allerdings können auch sie dem Menschen gefährlich werden. Aus einer Höhe von zehn Metern herabgeworfen, erreicht ein Mondrian mit seinem Durchschnittsgewicht von 5 Pfund eine Fallgeschwindigkeit, die selbst einen zufällig des Wegs kommenden Bären das Leben kosten könnte.

Doch wenden wir uns einer heiteren Seite der Bildenden Kunst zu, der Handzeichnung. Würde man beispielsweise die Tusche, die Dürer verzeichnet hat, in einem Bottich sammeln, käme ganz schön was zusammen. Man schätzt, daß es von Dürer etwa 4000 Handzeichnungen gibt. Sie würden ausreichen, um ein Zimmer von normaler Größe etwa 48 Stunden lang zu heizen; nimmt man sein druckgraphisches Werk dazu, käme man über einen milden Winter. Zum Vergleich: wollte man mit den Handzeichnungen Giottos einheizen, wäre der Ofen aus. Jedenfalls haben sich keine Zeichnungen des Italieners erhalten.

Eine letzte erstaunliche Tatsache aus dieser Welt der Superlative und Gegensätze: Wollte man alle Bilder der Welt zusammen in einem Haus aufhängen, dann müßte es größer sein als der Louvre, die Uffizien, die Erimitage und die National Gallery. Würde man sie jedoch alle miteinander im Bodensee versenken, stiege der Wasserspiegel nur um einen Zentimeter.

rg

## *In memoriam Knut Rödel*

Es war 1910 in Paris. Matisse, Braque, Picasso und der Deutsche Knut Rödel, damals ein vielversprechender Landschaftsmaler, saßen gemütlich in ihrem Lieblingslokal, als der greise Verlaine an ihren Tisch trat und erklärte, daß man heutzutage kein Eichhörnchen mehr malen könne. Die drei Erstgenannten waren gern bereit, dem zuzustimmen, zumal sie kubismushalber andere Sorgen hatten als die, ein Eichhörnchen zu malen. Auf Rödel aber, der gerade eine recht sorgenfreie Zeit verbrachte, wirkten die Worte wie ein Keulenschlag. Mit blitzenden Augen stand er auf und erklärte: »Das ist nicht wahr, Mussjöh! Sie werden schon sehen ...« Mit beispielloser Energie ging er an die Arbeit. Sein Schaffen kreiste von nun an um das Eichhörnchen, das er mit immer neuen Techniken und in ständig veränderten Stilen darzustellen suchte.

1952 lernte ich ihn in seiner Wahlheimat Lüneburg kennen. Sein jugendlicher Schwung hatte sich gelegt. Noch immer arbeitete er verbissen an seinem Thema, doch seine

Worte waren von einer gewissen Resignation gekennzeichnet. »Es ist tatsächlich schwerer als ich dachte«, sagte er mir mit etwas müder Stimme. »Die Atombombe... das Radio... der Wertezerfall... Ist es da nicht fast ein Verbrechen, den Versuch zu unternehmen, kleine Tiere zu malen, die mit ihrem buschigen Schwanz von Baum zu Baum springen?«

Ich betrachtete seine Bilder und verstand seine Skrupel. Sie zeigten seltsam zerrupfte Wesen – deformiert oder völlig verhauen? Ein Wort Kafkas fiel mir ein, das mir den Schlüssel zu dem, was ich sah, zu liefern schien und das ich dann leider wieder vergaß.

1954 erhielt ich eine kurze, jedoch völlig verzweifelte Postkarte Rödels, in der er mir sinngemäß mitteilte, daß nicht die Zeit, sondern er selber schuld daran sei, wenn er sein Ziel nicht erreiche. Er könne nun einmal keine Tiere zeichnen, habe es nie gekonnt, werde es nie können. Schon gar nicht Eichhörnchen, die nun einmal erwiesenermaßen die schwierigsten Tiere überhaupt seien, da sie nie still säßen...

1960 traf ihn ein weiterer Schicksalsschlag. In Braques Memoiren mußte er lesen, daß Verlaine seinerzeit nicht Eichhörnchen, sondern Eichbäume gemeint habe, daß also mangelnde Französischkenntnisse Rödels unheilvollen Entschluß veranlaßt hätten.

Doch nun war es für ihn zu spät, auf ein anderes Sujet umzuwechseln, und so machte er weiter. Im April 1967, kurz vor seinem Tode, erlebte er einen späten Triumph. Die Zeitschrift »Jagd und Pacht« druckte eine seiner letzten Zeichnungen. Mit etwas gutem Willen erkennt man auf ihr so etwas wie ein Eichhörnchen, das im Schatten einer Birke den Beginn der Schonzeit erwartet.

Auch für Rödel hat nun die große Schonzeit begonnen. Sein hochgestecktes Ziel hat er wohl nicht erreicht. Doch das Verdienst, sich wie kein anderer um ein gültiges Eichhörnchenbild unserer Tage bemüht zu haben, wird ihm niemand nehmen können noch – vermutlich – wollen. rg

## *Ein Mensch, den man nicht vermißt*

Ich erinnere mich noch gut an meine erste Begegnung mit Josef Stoltenkamp. Es war in der Rhön, als mir ein altes, wohlgenährtes Männlein über den Weg lief und mich fragte, ob ich nicht einen Reim auf »schneit« wisse. »Leid, Zeit, weit«, antwortete ich, und »Weit – ja, das ist es!« rief mein Gegenüber aus und fügte hinzu, daß er ein Dichter sei, er dichte nämlich Bauernregeln und Wettersprüche, die er bei den Bauern der Umgebung gegen Naturalien verhökere.

Damit verabschiedete er sich, und erst viel später erfuhr ich, daß ich ihm an jenem Tag geholfen hatte, eine seiner wohl bekanntesten Wetterregeln zu Ende zu dichten, das schöne »Wenn's im Juni stürmt und schneit / Ist der Juli nicht mehr weit«.

Als ich Stoltenkamp das nächste Mal begegnete, war er nicht mehr wiederzuerkennen: Bleich und hohlwangig trat er mir auf dem Deidesheimer Mägdemarkt gegenüber. Daran sei der Rundfunk schuld, erklärte er auf mein Befragen, seit der täglich Wettervorhersagen bringe, nehme ihm niemand mehr seine Sprüche ab.

Ob er denn nichts anderes dichten könne, wollte ich wissen, zum Beispiel Romane...

Er sah mich zornig an: »Ich bin ein gelernter Zweizeilerdichter, wie sollte ich da einen Roman von tausend und mehr Zeilen verfassen können, die sich zudem nicht einmal hinten reimen? Aber ich werde der Welt schon beweisen, daß die gute, alte Bauernregel auch heute noch nicht zum alten Eisen gehört...«

Unsere Wege trennten sich, und ich dachte erst wieder an Stoltenkamps Worte, als ich in einer Buchhandlung das Büchlein »Stoltenkamps Bauernregeln für Sie und Ihn« entdeckte und dabei auf einen Vers wie diesen stieß: »Palmarum sind die Nächte hell / Da find't der Knecht die Stelle schnell.« Oder den: »Auf der Dame liegt der Herr / Nur in Monden ohne R.« Oder gar den hier: »Der Februar mit Frost und Reif / Macht leider nur die Finger steif« – kein Zweifel, Stoltenkamp hatte sein ureigenstes Thema, das Wetter, zum fadenscheinigen Anlaß genommen, im trüben Gewässer der Sex-Welle mitzuschwimmen. Ein bißchen traurig fragte ich den Buchhändler, ob diese Spekulation denn aufgegangen sei. »Aber ja«, erhielt ich zur Antwort, das Buch verkaufe sich bestens, demnächst solle es sogar verfilmt werden.

Gestern nun erhielt ich die Nachricht von Stoltenkamps Tod. Er war während der Dreharbeiten von der Hauptdarstellerin gestürzt und hatte sich dabei das Genick gebrochen.

Doch der Dichter, der Stoltenkamp einmal gewesen war, hatte schon längst das Zeitliche gesegnet. Nun war ihm nur noch der Mensch Stoltenkamp – zu spät – nachgefolgt. rg

## *Das nachgestellte Wusel*

Eine Unsitte, die immer mehr um sich zu greifen droht, ist der Brauch, das heuer sehr beliebte Modewort »Wusel« nachzustellen, oder es, wenn es nominal gebraucht wird, ganz aus dem syntaktischen Verband zu lösen. Die Folge sind Formulierungen, die nicht nur unschön, sondern geradezu unverständlich sind, wie es das folgende Beispiel aus einer Erzählung Werner Seufferts zeigt: »Und als sie einander nach Herzenslust geherzt und geküßt hatten, traten

Erika und Erwin ermattet auf den verregneten Bahndamm. Wusel. Von fern tönte das Signal, das das Nahen des Postzuges nach Nashville ankündigte«...

So geht es also nicht. Richtiger wäre es gewesen, dem »Wusel« diejenige Stelle im Satzgefüge zuzuweisen, die ihm seiner Bedeutung nach zusteht. Freilich hat es selten eine solche Bedeutung. Meist, wenn nicht immer, ist es so gut wie völlig sinnlos. Das scheint auch Seuffert gefühlt zu haben, doch mit dem Kunstgriff, es zu isolieren, hat er es noch nicht unschädlich gemacht. Besser wäre es gewesen, wenn er es in einer Fußnote untergebracht, noch besser, wenn er es völlig gestrichen hätte. Unsere Muttersprache ist so reich an schönen und sinnvollen Wörtern wie »schön«, »sinnvoll« oder »Wort«, daß jeder von uns leichten Herzens auf sinnlose und unschöne Modewörter verzichten sollte. Wusel!

rg

## *Unsere kleine Stilfibel*

»Panthergleich hechtete sich der Tiger auf das Warzenschwein, um sich im nächsten Moment wieder wieselflink einzuigeln« – Sätze wie dieser, den wir dem Buch »Shingar, der aalglatte Tiger« von Erwin Tagore entnahmen, sind leider keine Seltenheit.

»Bildhafte Vergleiche sind wie das Salz der Sprache«, erkannte Bruder Grimm einmal ganz richtig. Doch man sollte sich davor hüten, die Sprache – die darin der Suppe gleicht – allzusehr zu salzen.

Einen Tiger mit einem Panther zu vergleichen, ist unstatthaft. Nicht umsonst hat der Panther Flecken und der Tiger Streifen – man vergleicht ja auch nicht einen Streifenpolizisten mit einem Fleckenmittel.

»Tigergleich hechtete sich der Tiger« – das wäre nicht

nur stimmiger, sondern auch anschaulicher. Bei diesem Bild weiß man sogleich, was gemeint ist. Und das ist schließlich auch der Sinn des Vergleichs. Ob wir uns diese einfache Faustregel nicht alle – so wie wir hier sitzen – faustdick hinter die Ohren schreiben sollten? rg

## *Ende gut, alles gut*

Aus gegebenem Anlaß möchten wir die vier schönsten Romanschlüsse aus dem deutschen Sprachraum vorstellen. Wir haben sie nach den Kriterien »Sprachliche Durchformung«, »Gedankliche Gestaltung« und »Plot« ausgesucht, ein Einspruch gegen unseren Entscheid ist zwecklos.

Auf einen guten vierten Platz brachte es Franz Kafka, der seinen Roman »Der Prozeß« folgendermaßen enden läßt:

»›Hiermit verkünde ich das Urteil gegen Josef K.‹, sprach der Gerichtspräsident. ›Er ist in allen Punkten der Anklage freigesprochen. Die Kosten des Verfahrens trägt die Gerichtskasse.‹ Ein Raunen ging durch die Menge, als erste hatte sich Liesel gefaßt. ›Josef‹, flüsterte sie, ›da können wir ja bald ...‹ ›Hochzeitmachen‹, ergänzte Josef laut, und aufrecht schritten die beiden durch die Menschenmenge in die Freiheit.«

Nicht immer freilich enden Romane so glimpflich. Unser dritter Platz, der Schluß von Thomas Manns Werk »Tod in Venedig« spielt mehr ins Düstere. Aber gekonnt!

»›Nun, die Lösung des Falles ist einfach‹, sagte Kommissar Marinelli und musterte die Anwesenden durchdringend. ›Der einzige, der ein Interesse an dem Tode Gustav von Achenbachs haben konnte, ist seine Ehefrau Erna von Achenbach. Sie wollte frei sein. Und sie war es auch, die die vergifteten Erdbeeren ...‹ Ein Schuß unterbrach seine Ausführungen. Erna von Achenbach hatte sich selbst gerichtet.

›Madonna mia‹, flüsterte Kommissar Marinelli. Und das war mal wieder echt italienisch.«

Rund und straff endet auch Heinrich Bölls Roman »Billard um halbzehn«. Er erkämpfte den zweiten Platz knapp, aber verdient.

»Die Billardspieler schauten ärgerlich auf, als sich der Wirt räusperte. ›Schluß jetzt‹, meinte er. ›Tut mir leid, aber ich brauche den Tisch. Für Elf haben sich der Papst und seine Familie zum Essen angesagt ...‹

Brummelnd zogen die Billardspieler ab, sich fest vornehmend, das nächste Mal etwas früher, so um halbneun rum zu beginnen.«

Das Rennen aber machte einmal mehr Johann Wolfgang von Goethe, der im Schluß seines Romans »Die Wahlverwandtschaften« so ziemlich alles verbraten hat, was das Thema hergab.

»›Wittu mein Onkel sein?‹ fragte Mignon den Harfner. Der nickte. ›Dann nehme ich dich zur Tante‹, jauchzte Wilhelm Ulrike zu. Da trat der Fronvogt an sie heran. ›Ich sei, gewährt mir die Bitte, in eurem Bunde der Fünfte – vielleicht als Stiefvater?‹ ›Abgemacht!‹ schrien alle wie aus einem Munde. Und dann endlich wurden die Geschenke ausgepackt.«

rg

## *Auf ein Wort*

Beim letzten Mal haben wir an dieser Stelle das Alphabet durchgenommen. Heute wollen wir die Wortarten kennenlernen. Wir unterscheiden nämlich mehrere Wortarten. Sie zerfallen in

a) große Wörter: Kleinschreibung, Haltebahnstraßenstelle, paraphrasieren

b) kleine Wörter: Nuß, Batz, der

c) falsche Wörter: Schrmt, Brel, schlö – und
d) schöne Wörter: purpurn, Süßspeise, Hufschlag.

(Aufgabe 1: Präge dir die verschiedenen Wortarten gut ein. Beantworte die folgenden Fragen: Welche falschen Wörter gibt es usrdam? Womit habe ich es verdient, daß WimS mir soviel lernt?)

Als Ausnahmen gelten folgende Wortarten:
a) Das Artwort: Popart, Hausmacherart, Artischocke
b) das Nachwort: Nachbar, Andernach, Nachihnen
c) das Machtwort: Machtzerfall, Machthochdietür, Ichhabnochschnellpipigemacht – und
d) das Zeitwort: Zeitwanngibtshierkeinbier, Moinmoin.

(Aufgabe 2: Lies alles noch mal genau durch. Beantworte die folgenden Fragen: Haben wir hübsch unser Breilein gegessen? Wie beurteilen Sie die Weigerung Wallensteins, dem spanischen König seine Luftpumpe auszuborgen?)

Außerdem gibt es da noch das Ehrenwort, das Kreuzwort, das Goethewort, das Jawort, das besitzangreifende Fürwort (Fürwenistderkaviar) und das Schlußwort, mit dem wir auch heute wieder unsere Lektion beenden wollen, (und jetzt alle): SCHLUSSJETZT!

Ja, ja... Wir hör'n ja schon auf. *Brummelnd nach rechts ab.*

fwb/rg

## *Woher kommt eigentlich der Ausdruck...*

...auf Sand gebaut?

Antwort: Dieser Begriff stammt wie so viele bildhafte Wendungen aus einer Fachsprache, in diesem Fall aus der Sprache der Funktechniker. Wenn jemand unanständige Tatbestände aufnehmen ließ, so bezeichneten die Radiotechniker dies mit dem terminus technicus »Da wird ja wieder ganz schön was auf Band gesaut!« Durch einen Hörfehler wurde dann daraus die oben erwähnte, in dieser Form natürlich ganz unverständliche Wendung.

...die Zeche prellen?
Antwort: Keine Ahnung. Vielleicht aus der Bergarbeitersprache? Aber da wir gerade bei der Bergarbeitersprache sind: Auch die Seemannssprache hat es in sich. Während sie zum Beispiel die linke und die rechte Seite eines Schiffes als Backbord und Steuerbord bezeichnet, verfährt sie bei Städten seltsam unlogisch. Da heißt es nicht etwa Bagdad und Steuerdad, sondern Bagdad und Trinidad. Wieso eigentlich? Herr Kapitän? rg

## *Jubel um Hennes »Aua« Lehmer*

War das ein Spiel! Der Pokalendkampf FSV Reutersheim gegen Wacker Zell wird mit Sicherheit als einer der ganz, ganz großen Nachmittage in die deutsche Bühnengeschichte eingehen.

Hat man so etwas schon erlebt? Da läßt bereits die zweite Spielminute aufhorchen: Bernd Kubiella stolpert über den Ball, bringt den »Verletzten Libero« anfangs ungewöhnlich verhalten, zieht dann jedoch eine selbstverfaßte Grußbotschaft an alle, die guten Willens sind, aus der Hose und endet, stimmlich außerordentlich gut disponiert, mit dem Monolog »Du grüner Rasen, trink mein Blut!« Tränen, wohin man schaut. Auf den Rängen. In der Prominentenloge. Tränen, Tränen.

Und Schaudern. Denn die anderen Spieler wollen nicht zurückstehen. In der 7. Spielminute, nach dem 0:1, hat Torhüter Stamitz seinen ersten großen Auftritt: »Ball, sei verflucht / Verflucht sei, der dich schlug! Verflucht das Weib / Das in dem Leib dich trug ...«

Demgegenüber fällt der sonst so spielstarke Verteidiger Benz etwas ab. Sein nicht schlecht pointiertes Impromptu »Zu unrecht gerempelt« wirkt in diesem Klassefeld fast etwas zu verspielt, zu sehr Duse. Und zu wenig Kainz. Aber noch wartet alles auf Hennes »Aua« Lehmer und seine Sterbeszene. Doch der läßt sich Zeit, der läßt seine Mitspieler erst einmal müde werden. Eine Gelegenheit nach der anderen verstreicht – hat Lehmer die Kraft zum großen Ausbruch verloren? Aber nein!

Ein leichtes tackling in der 65. Spielminute, Lehmer läßt sich fallen, steht noch einmal auf, gebietet mit einer straffen Handbewegung Schweigen, greift sich ans Herz, fällt wieder hin und schreit nach seiner Mutter. Doch das ist erst der Anfang! Masseur Mauser kommt aufs Spielfeld gerannt, Lehmer tastet sein Gesicht ab: »Bist meine Mutter nit!« Der herbeigeeilte Schiedsrichter wird ebenso verworfen, dann ändert Lehmer seine Taktik. Er kriecht auf den Linienrichter zu: »Sagen Sie mir die Wahrheit, Herr Professor – ist es Krebs?«

Solche Worte hat man in dem weiten Rund des Gottfried-Hammer-Stadions noch nicht gehört. Und Lehmer ist keineswegs am Ende. Er läßt nach einem unparteiischen Papst rufen. Verlangt die letzte Ölung. Oder wenigstens einen Schluck Limo.

Und selbst der hartgesottene Trainer Mikosch zwinkert verräterisch mit den Augen, als Lehmer ihn bittet, von Kranzspenden abzusehen und ihm lediglich ein schlichtes Seemannsgrab ...

Als er endet, wissen die Anwesenden, daß eine Steigerung nicht denkbar ist. In der Tat, der Rest ist Routine von hohem Niveau. Torhüter Baumann von Wacker Zell brilliert noch einmal in seiner Paraderolle als »Komischer Halter«, Mannschaftskapitän Pogge zeigt seine gekonnte pantomimische Studie »Sehnenzerrung«, dann kommt der Schlußpfiff. Übrigens beim Stande von 2:3.

Unter den ersten Gratulanten in Lehmers Kabine ist auch Dr. Möwig vom Deutschen Bühnenverein. Und damit dürfte der nächste Träger des Iffland-Ringes, der am kommenden Wochenende wieder verlost werden soll, ja wohl schon feststehen. Hennes, wir gratulieren! rg

## *»Schallalla, ich bin da«*

Kuno Jürgens ist sicherlich ein begabter Sänger. Aber muß man das, was man einmal gehört hat, auch noch lesen? Diese Frage stellt sich unwillkürlich, wenn man das »Kuno Jürgens – Songbook« 300 einzeln numerierte Seiten, ausgestattet von Erwin da Vinci, erschienen im Karbunkel-Verlag, in die Feuerzange nimmt.

War es wirklich nötig, diese Texte zu drucken? Was durch die Melodie noch mit einem touch von esprit geadelt war, liest sich nun direkt etwas derb. Etwa der Hit »Ma chérie«:

Hab acht!
Ma chérie!
Hab acht!
Ich komme zu dir in der Nacht!
Und wer bei dir versammelt,
Wird gnadenlos gerammelt...

Und trifft dasselbe nicht auch für das Chanson »Le Klunker« zu?

An meiner Monatskarte Mann, o Mann,
Da hängt ein großer, roter Klunker dran.
Und fragt mein Schatz mich, was das ist –
Dann wird er einfach abgeküßt...

Leisere Töne schlägt da schon der liedhafte Song »To my bride« an:

Das fesche Wams, der Federhut –
Die stehen freilich jeder gut.
Am besten aber steh'n sie meiner Braut,
Wenn die so richtig auf den Pudding haut.
Schallalla, Schallalla...

Doch wirklich vermochte nur die Lektüre zweier Texte zu fesseln. Da ist einmal der vorzügliche sozialkritische Schlager »Fragen an den Herrn Direktor«:

Herr Direktor, Herr Direktor!
Spannung auf dem Kostensektor!
Murren, Scharren im Betriebe,
Nirgends aber wahre Liebe –
Warum nur, warum?

Und da ist natürlich noch der »Klappstuhl-Song«, dem man Zeile für Zeile anmerkt, daß da ein echter Dichter am Werk war:

Der alte Klappstuhl hat so vieles schon gesehen,
(Chor: Der alte Klappstuhl)
Der alte Klappstuhl hat so vieles schon erlebt
(Chor: So elend viel)
Im alten Klappstuhl wurde ich geboren
(Chor: Lang her, lang her!)
Im alten Klappstuhl will ich einst begraben sein
(Chor: Dereinst, dereinst)

Insgesamt also nur zwei Rosinen. Ob sie den Kuchen fett machen? 1g

## *Die Telekritik*

Das war aber kein guter Fernsehmonat!

Schon zu Beginn ein schwacher Auftakt: Alois van der Werffs Report »Die mageren Klauer, Porträt einer Minderheit« versuchte zwar Interesse für das Schicksal der Kleptosomen in Deutschland zu erwecken, doch echte Anteilnahme wollte kaum aufkommen.

»Wenn die weniger klauen würden, wären sie wahrscheinlich auch fetter«, auf diese drastische Formel brachte ein Berliner Taxichauffeur meine Gefühle, und besser könnte ich es auch nicht sagen.

Dann, in der Reihe »Das kleine Fernsehspiel«, Kurt Silbermanns Komödie »Pardauz«. Kein schlechter Einfall eigentlich: Was passiert, wenn ein bisher unbescholtener, absolut durchschnittlicher Bürger plötzlich entdeckt, daß seine Frau eine Chinesin ist? Das ließ sich turbulent an, doch die versöhnliche Schlußpointe – besagter Bürger ist selber ein Chinese und der häusliche Frieden gerettet –, konnte für den aufmerksamen Beobachter eigentlich kaum überraschend kommen. Schade.

Am Mittwoch schließlich gab es, als Wiederholung, »Pferde, Pfaffen und Gefahren«, jene düstere Vision von dem, was auf uns zukommen würde, wenn Tausende von reitunkundigen Pfarrern auf wildgewordenen Pferden durch Europas Kindergärten preschten. Anläßlich der Erstsendung schrieb ich: »Was sollen solche Prophezeiungen eigentlich, solange niemand – weder unsere Pfarrer noch unsere vierbeinigen Freunde – die Kraft, den Mumm oder auch nur das Geld dazu hat, die Kindergärten unsicher zu machen? He? Was als Menetekel gedacht war, endete als Menelaos.«

rg

## *Auch das noch!*

Ausgerechnet der Karbunkelverlag hat sich jetzt mit einem Buchprojekt übernommen, dessen Marktchancen nicht gering wären: er legte das »Sittengesetz« neu auf, als »Dickdruckausgabe, über 1000 Seiten, mit 235 handkolorierten Abziehbildern ausgestattet, zu einem Spottpreis (so der Verlagsprospekt) von 970 DM.«

Der Rezensent ist ratlos. Warum diese Aufmachung? Warum der sauteure Schweinsledereinband, weshalb der mattgoldene Schuber? Wer kann – besser: wer soll – denn diese Schwarte kaufen? Der Arbeiter bestimmt nicht, auch wenn ihm dies Werk gewidmet ist *(»Unseren Arbeitnehmern zugedacht«)*.

Über den großspurigen Untertitel *»Alles, was recht ist«* könnte man gleichmütig hinweglesen, wenn im *»Vorspruch«* außer dem allgemein gehaltenen *»Wo kämen wir sonst hin«* eine einleuchtende Begründung für dieses Buch gegeben würde. So aber läßt der Verdruß auch beim 1. Hauptteil *»Alles, was Gott verboten hat«* nicht nach. Man kann dieses Kapitel getrost überschlagen, es bringt nichts neues, außer daß in der Liste der Delikte die *»bodenlose Unverschämtheit«* gleich nach dem *»Häuseranzünden«* kommt.

Auch der Katalog der Strafen ist im Grunde lachhaft. So ist etwa einer *»unten durch«*, wenn er ohne Zustimmung des Partners *»frech«* wird. Wer im Wiederholungsfalle mit nackten Frauen schläft, der *»soll sich was schämen«*. Und wer gar *»vorsätzlich und in bester Absicht«* einen Kollegen um die Hand seiner Frau bittet, der wird in Zukunft nicht nur *»nicht mehr eingeladen«*, sondern *»gehört eigentlich ins Zuchthaus«*.

So dummdreist das ganze Machwerk auch ist – man erfährt immerhin, daß zum *»Sittenrichter«* nur berufen werden kann, *»wer es nötig hat und dies glaubhaft nachweisen kann«*.

Schweigen wollen wir von der überaus schludrigen Edition. Es wimelt von Dreckfühlern: S. 36: »bumsen« statt »bimsen«, S. 107: »Weiß der Himmel« statt »Weiß der Teufel«, S. 122: »Elberfeld« statt »Keuschheit« und so leiter. Beinlich, beinlich. fwb

## *Ein geglückter Auftakt*

Wieder einmal war die Darmstädter Akademie für Sprache und Dichtung Stätte einer fruchtbaren Begegnung. Nachdem Frankfurter Dichter in einer Rüsselsheimer Fabrikhalle aus neueren Arbeiten gelesen hatten, beschloß der Betriebsrat des Werkes, den Literaten zum Dank einmal etwas vorzuarbeiten.

Drei Arbeiter stellten sich im festlich geschmückten Tagungsraum der Akademie vor. Den Anfang machte der Dreher Karl Henne, dessen präzise Arbeit an der Drehbank die versammelten Dichter sichtlich beeindruckte. Sein Werk, ein Messingknauf mit abschraubbarer Tülle, löste denn auch spontanen Beifall aus.

Der Schweißer Karl Boltmann, der anschließend einen handgezogenen Achsschenkel-Bolzen herstellte, erregte anfangs ebenfalls reges Interesse, das allerdings im Verlauf der drei Stunden andauernden Arbeit sichtlich abflaute.

Unter diesen Umständen hatte es der Monteur Willy Nemenz schwer. Seine exakt vorgeführte Montage eines Viertakt-Motors stieß auf weitgehendes Unverständnis, das sich sogar in zaghaften Zwischenrufen äußerte.

Interessant wurde es dann wieder bei der anschließenden Diskussion. Nach anfänglicher Zurückhaltung brach der Dichter Kurt Mandl das Eis. Der erste Beitrag sei prima gewesen, erklärte er, unter einem Messingknauf könne er sich etwas vorstellen. Bei der Montage sei er allerdings nicht mehr mitgekommen. Ob denn die Maschinen von heute wirklich so kompliziert sein müßten, daß nur noch Spezialisten sie verstehen könnten?

Ein fruchtbares Streitgespräch folgte, das Betriebsrat Kornmayer mit den Worten beendete: »Eines steht fest: Die fortschreitende Technisierung aller Lebensbereiche hat auch vor den Fabriken nicht Halt gemacht. Sie ist ebenfalls und gerade an den Maschinen nicht spurlos vorübergegangen –.

Sie, als Dichter, sollten diese Erkenntnis mit in Ihren Alltag hinübernehmen.«

Akademie-Präsident Wendell äußerte sich in ähnlicher Richtung und dankte den Arbeitern für die frohen und nachdenklichen Stunden, die sie den Dichtern bereitet hatten.

Beide Seiten aber beschlossen, die Kontakte weiter auszubauen. Schon im nächsten Frühjahr wollen Frankfurter Dichter Steigern auf der 800-Meter-Sohle der Zeche »Glückrunter« etwas vorlesen. Aus Steigerkreisen verlautet bereits jetzt, daß man diesen Schritt mit dem Bau eines Förderturms im Garten des Frankfurter Goethe-Hauses beantworten wolle. rg

## *Schauspielkunst am Steinhuder Meer*

In diesem Jahr hatte unser Reporter Gelegenheit, bei den Proben zu dem neuen Stück von Karl Ratsch, dem Kreisdichter von Steinhude, dabeizusein. Das Schauspiel, eine Zauberposse, trägt den Titel »Konfliktsituationen« und behandelt die schwierige Lage, in welche drei alternde Fernsprechteilnehmerinnen von einem Hochstapler gebracht werden. Dieser gibt sich im ersten Akt als amtierender Gegenpapst aus und kündigt den fassungslosen Frauen die Einstellung der albanischen Waffenhilfe für Niedersachsen an. Die Verwirrung steigert sich, als der falsche Papst mit Hilfe eines schwerreichen Schwindelunternehmens an den Ufern des Steinhuder Meeres die rituelle Verabreichung der Antibabypille an die Mitglieder des Steinhuder Festspielballetts zelebriert. Um auch in den Genuß der Pille zu kommen, müssen die drei Damen erst 31 spannende Abenteuer bestehen, darauf erhalten sie die Pille und spüren ein seltsam übersteigertes Bedürfnis nach ehelicher Geborgenheit und Weltherrschaft.

In der Inszenierung von Werner Wagner, der nur äußerst sparsam mit Requisiten und Kostümen umgeht, bildet die letzte Szene einen Höhepunkt: Die älteste der drei Damen ist zusammengebrochen in der irrigen Annahme, ihr Leben sei verpfuscht. Die mittlere – namens Käthchen – bringt dem Regisseur ihre Zivilschutzausrüstung zum Opfer dar, um das Publikum zu verwirren. Die dritte memoriert derweil im Liegen ihre schwierige Rolle als Ophelia im nächsten Stück der Festspiele.

Das Schauspiel, das mit einer Huldigung an die neue nordrheinwestfälische Landesregierung ausklingt, soll demnächst mit der Stürmerreihe der deutschen Fußballmannschaft in der Hauptrolle verfilmt und danach von den zuständigen Behörden verboten werden. fwb

## *Ein Beethoven, der uns gefällt: Die Siebte*

Was ist dagegen schon die Sechste mit ihrem pastoralen Pathos oder das girrende Getändel der Fünften? Kühl und trocken, swinging und haunting – so haben wir die Siebte von LvB im Ohr. Hat man das seltene Stück einmal gehört – in der Hamburger Felsenreitschule oder im Morgengrauen auf den Bahnsteigen von Donauwörth oder unter Klemperer im »Ricci« – man vergißt es nimmer.

Aber erst Felix Mottl zeigt, was aus unserer Siebten alles herauszuholen ist.

Er nimmt die Anfangsfanfare zögernd, in Es-moll. Mehr Herbstluft, mehr Nachtwind als sonst spürt man in diesem zagenden tataditatada-ba-da. Das Parlando der Holzbläser jedoch huscht unverfremdet vorbei – das ist LvB at his best.

Dann die Adagio-Einlage – unter Mottl ganz Klarheit und Tempo.

Ein Ohrwurm: djubidaidjubitaarara ... darunter im Baß,

dialektisch unterkühlt, das Pochen der gestopften Kesselpauke. Ein schräger Einfall, ein gag. Doch warum nicht? Schließlich ist die Siebte seine Vorletzte.

Man spürt das – end-time, Herbst!

»Ich liebte die Siebte« – Cocteau zu Montesquieu. Man versteht das gerade beim zweiten Satz. »Choral der Glaubenslosen«, sagte mein Großvater dazu. Kein flacher Kopf! Der rauchige Klang der Bratschen – unter Tausenden wiederzuerkennen. Die Pizzikati der Bässe – synkopiert und unnachahmlich: LvB-Sound!

Südfranzösische Motive im Scherzo: Allons enfants... Beethovens Marseillaise?

Nobody is perfect. Doch gerade die kleinen Schwächen bringen uns die Siebte näher. Das ständige Schwanken zwischen Subdominante und den Triolen, die enharmonischen Verwechslungen und die düsteren Zwischenspiele – was tut's, auch das ist LvB.

Man summt noch auf dem Nachhauseweg das Tajam-tajamtajam der brillanten Schlußkadenz, man pfeift noch tags darauf das beseligende Anschwellen der Celli im Vorspiel zum zweiten Satz – ›durch Nacht zum Licht‹! Und durch Mottl zu LvB!

fwb

## *Der Platten-Tip*

Dreimal Mozart, dreimal Klassiker-Aufnahmen. Die erste zeigt das Wiener Wunderkind beim feierlichen ersten Spatenstich zu seinem Armenbegräbnis, zu sehen ist auf ihr wegen der schlechten Lichtverhältnisse nicht viel, zu hören gar nichts, wenden wir uns also den beiden anderen zu.

Da wäre zunächst einmal Leo Nachts Interpretation der Kleinen Blechmusik, die den Rezensenten freilich kaum überzeugen konnte, nicht wahr, Herr Rezensent?

»Nöö ... Finnichnichgut ... Finnichschwach ...«

Danke, ganz meiner Meinung. Denn soo kann man Mozart nun wirklich nicht mehr spielen: mit nur zwei Sturmspitzen, einer völlig konfusen Hintermannschaft und einer ersatzgeschwächten Streicherreihe, die mit den schweren Noten ganz einfach nicht fertig wird.

Wie anders dagegen der Ansatz Erwin von Karajans! Seine Interpretation desselben Werkes, die 1925 im großen Sendesaal des Merseburger Schlachthauses aufgenommen wurde, fesselt vom Anpfiff an. Durch einen kleinen Kunstgriff – Karajan läßt die Streicher weg und stellt statt dessen die Flöte in den Vordergrund –

»Die Piqueflöte!«

– jawohl, die Piqueflöte, danke, Herr Rezensent, Karo hatte Karajan ja gedrückt –, durch diesen kleinen Kunstgriff also erreicht Karajan nicht nur, daß die Tempi sehr viel lauter wirken, das ganze Werk bekommt auch etwas fast Musikalisches. Ohne ein einziges As, aber mit 27 Buben im Orchester versteht es der Interpret, der sich strikt an die Musikerregel »Langer Ton – kurze Farbe« hält, dem Opus jene heitere Grazie zu verleihen, die Mozart wohl vorgeschwebt haben mag, als er 1785 zu Haydn sagte: »Heit beschlauch i mi – mochst mit?«

»Immer!«

Ach, Sie auch? Herr Rezensent? Komm gleich mit, muß bloß noch schnell einen Schluß finden – ah! Da ist er ja schon!

rg

## *Knautschke fragt: Wer war's denn nun schon wieder?*

1.

Es sind nicht die schlechtesten Autoren, die der Welt unsterbliche Meisterwerke geschenkt haben, und ihm ist es gelungen, sich in diesen Kreis hineinzuschreiben. Doch vorerst glich sein Leben dem aller Menschen: Von einem Mann unter Schmerzen gezeugt, von einem Weibe unter Umständen geboren, wuchs er im Westen unseres Vaterlandes auf. Seiner erzählerischen Begabung genügte das jedoch bald nicht mehr, er begann zu schreiben. »Wo warst du, Bahndamm?« hieß eines seiner ersten Bücher. Es wurde ein Erfolg, ebenso wie die folgenden Romane »Das Boot der müden Zare«, »Maus ohne Güter«, »Und jagte sein einziges fort«. Der Ruhm des Autors begann sich über Deutschlands Grenzen zu verbreiten, und seine späteren Werke wie »Absichten eines Fauns« und die längere Erzählung »Lende einer Dienstmagd« wurden Welterfolge. Sein Weltruhm wurde gekrönt durch die Verleihung eines Preises, der Hotelpreis hieße, finge er nicht mit N an und hätte er nicht ein b in der Mitte.

Wer war's?

2.

Sein Leben mutet wie das eines Romanschriftstellers an. Und wenn man unter einem Romanschriftsteller einen Mann versteht, der Romane verfaßt, dann war er auch einer. Schon in jungen Jahren schrieb er einen Bestseller, »Die Buddelbox«. Nach Jahren des Schweigens folgte sein nächster großer Treffer, »Der Zauderzwerg«. Danach gab es für ihn kein Halten mehr. Er schrieb noch einen Haufen Bücher, darunter den Roman »Motte im Eimer«, der in seiner Heimat spielt, die er allerdings schon hatte verlassen müssen. Die Folge war, daß er mit Ehrungen überhäuft wurde.

Seine Enkelkinder, von denen er eine ganze Menge hatte, nannten ihn gern »Omas Mann«. Einem breiten Publikum wurde er allerdings unter einem anderen Namen bekannt.

Wer war's? rg

## *Der Kalauer und seine Wirkung auf die deutsche Geistesgeschichte*

Zu den wenigen erfreulichen Erscheinungen unseres Kulturlebens gehört die Tatsache, daß der Kalauer, die niedrigste Gattung des Witzes, auszusterben scheint. Entwickeltere Formen des Witzes haben seinen Platz eingenommen, und da ist wohl niemand, der sein Verschwinden bedauern wird.

Zu diesem Zeitpunkt ist es angebracht, sich noch einmal der verheerenden Wirkung zu erinnern, die der Kalauer jahrhundertelang in unserem Geistesleben ausübte. Denn es gehört zu den erschütterndsten Tatsachen der deutschen Kulturgeschichte, daß fast alle Künstler, Dichter und Denker den Kalauer nicht nur geschätzt, sondern ihn auch durch eigene Erfindungen weiterentwickelt haben.

So erntete Walther von der Vogelweide 1201 viel Gelächter, als er erklärte, sein Rivale Hartmann von Aue solle sich lieber »Hartmann von Aua« nennen, da in seinen Epen so viel geprügelt werde. Dieser »Scherz« soll einer der Gründe für das völlige Verstummen des sensiblen Epikers gewesen sein.

Auch Gluck muß leider in diesem Zusammenhang genannt werden. Er war es, der Haydns Musik als erster einen »Haydnlärm« (Heiden ~) nannte. Daß sich Haydn darauf mit dem Spottvers »Glucklich ist, wer vergißt...« revanchierte, führte zur völligen Entfremdung der bis dahin unzertrennlichen Musiker.

Kant wiederum, der keineswegs der Erfinder des Kanthakens war, wie Herder einmal witzelte, ist der Schöpfer der Frage »Was ist paradox?« und der Antwort: »Wenn ein Goethedenkmal durch die Bäume schillert.«

Es wird ewig unerfindlich bleiben, was einen Denker wie Kant bewegen konnte, sich derart unter sein Niveau zu begeben. Goethe jedenfalls weigerte sich, fortan auch nur eine Zeile des Philosophen in die Hand zu nehmen.

Spätere Denker bewiesen keinen besseren Geschmack. Als Nietzsche die handschriftliche Partitur von Richard Wagners Oper »Tristan und Isolde« durchblätterte, sagte er zum erwartungsvollen Meister: »Das fängt ja trist an (Tristan), i solde (ich sollte) gleich aufhören, weiterzulesen.« So begann die Verstimmung zwischen den beiden Geistesheroen, die später zum völligen Bruch führte – ein Kalauer zerstörte eine der fruchtbarsten Freundschaften der deutschen Geistesgeschichte.

Auf ähnliche Weise endete die herzliche Beziehung zwischen Rilke und Ganghofer. Während eines Besuchs zerstritten sich die beiden über der Frage, ob es richtig sei, von Gamsen zu sprechen, wie es Ganghofer in seinem letzten Roman getan hatte. »Es heißt Gemsen«, sagte Rilke. »Nein Gamsen«, erwiderte Ganghofer. »Gemsen«, konterte Rilke, »man sagt ja auch nicht Bramsen, sondern Bremsen.«

Woraufhin Ganghofer – zu Recht – schwieg. Was hätte er auf diesen »Geistesblitz« auch antworten sollen?

Ein letzter Fall muß noch genannt werden: das tragische Zerbrechen der Freundschaft zwischen zwei Dichter-Ärzten, dem lebenslustigen Hans Carossa und dem schweigsamen, grüblerischen Gottfried Benn. Schon oft hatte Benn seinen Kollegen gebeten, ihn mit seinen minderwertigen Scherzfragen zu verschonen, als Carossa wieder einmal der Haber stach: »Du bist doch Arzt«, sagte er fröhlich, »bilde mal einen Satz mit Äskulap ...« Und ohne auf die mürrische Miene seines Gegenübers zu achten, fuhr er fort: »Ganz einfach: Äs kulapert die Mühle am rauschenden Bach...« Da sah ihn Benn zornig an und sagte langsam: »Lieber Hans, du willst vielleicht ca ros sa (Benn ahmt den bayerischen Dialekt seines Freundes nach; er meint: kein Roß sein), du bist aber trotzdem eins.«

Der Bruch, der diesem Satz folgte, wurde nie mehr gekittet.

Hoffen wir, daß er den letzten jener Scherze darstellt, die bisher so viel Kummer und Freude über das deutsche Kulturleben gebracht haben. rg

## *Zu guter Letzt*

Die diesjährige Autographen- und Kunstauktion des Straßenbahn-Fundbüros Hamburg verlief ohne größere Sensationen. Den Höchstpreis von 126 Mark brachte eine Katastrophenlandschaft des manieristischen Malers Manzu. Ein Fragment des Giebelreliefs vom Parthenon-Tempel blieb mit 95 Mark weit unter dem Schätzpreis von 200000 Mark. Die Urschrift von Beethovens »Missa solemnis« ging für die Gebühr von 5 Mark an den Verlierer, einen rheinischen Industriellen, zurück. fwb

# EDITORISCHE NOTIZ

Unter den Beiträgen finden sich Kürzel, welche die jeweiligen Verfasser nennen: fwb meint F.W. Bernstein, und rg bedeutet Robert Gernhardt. Am Aufsatz über Roderich van Ulm war Rudolf Kunz (rk) beteiligt, der hier und da auftauchende pk ist kein anderer als Peter Knorr, das einmal aufleuchtende be aber weist auf Bernd Eilert hin. Die ›WimS-Intim‹-Beiträge schrieb durchweg Gernhardt, bis auf den vom 20. 7., der von Kunz stammt, und die vom 12. 8., 10. 5. und 6. 5., die Bernstein zu verantworten hat. Das WimS-Intim vom 8. 10. entstand mit Hilfe von Peter Knorr. Die drei ansprechenden Zeichnungen sind Gemeinschaftswerke von Gernhardt und Bernstein, wobei ersterer stets den Vorleser und der zweite die Zuhörer gezeichnet hat.

# ALPHABETISCHES TITELVERZEICHNIS

**ROBERT GERNHARDT**, geboren am 13.12.1937 in Reval/Estland, studierte Malerei und Germanistik in Stuttgart und Berlin; lebt in Frankfurt/Main.

Werke im Haffmans Verlag: *Ich Ich Ich* (Roman, 1982) – *Glück Glanz Ruhm* (Erzählung, Betrachtung, Bericht, 1983) – *Katzenpost* (Kinderbuch mit Bildern von Almut Gernhardt, 1983) – *Gernhardts Erzählungen* (Bildergeschichten, 1983) – *Letzte Ölung* (Satiren, 1984) – *Was bleibt* (Gedanken zur Literatur, 1985) – *Hier spricht der Dichter* (Bildgedichte, 1985) – *Schnuffis Sämtliche Abenteuer* (Bildergeschichten, 1986) – *Die Toscana-Therapie* (Schauspiel, 1986) – *Kippfigur* (Erzählungen, 1986) – *Es gibt kein richtiges Leben im valschen* (Humoresken, 1987) *Körper in Cafés* (Gedichte, 1987) – *Innen und Außen* (Bilder, Zeichnungen, Über Malerei, 1988) – *Was gibt's denn da zu lachen?* (Kritik der Komiker, Kritik der Kritiker, Kritik der Komik, 1988) – *Wörtersee* (Gedichte, 1981/89) – *Hört, hört!* (Das WimS-Vorlesebuch, zusammen mit F.W. Bernstein, 1989) – Außerdem regelmäßig Beiträge im Magazin für jede Art von Literatur *Der Rabe* (seit Nummer 1, 1982).

**F.W. BERNSTEIN**, geboren am 4.3.1938 als Fritz Weigle in Göppingen, studierte an den Kunsthochschulen in Stuttgart und Berlin, lehrte länger in Göttingen und seit 1984 als erster deutscher Professor für Karikatur und Bildgeschichte an der Hochschule der Künste in Berlin. Im Haffmans Verlag erschienen: *Sternstunden eines Federhalters* (Neues vom Zeichner Lebtag, 1986) – *TV-Zombies* (Bilder und Charaktere, zusammen mit Eckhard Henscheid, 1987) – *Lockruf der Liebe* (Gedichte, 1988) – *Bernsteins Buch der Zeichnerei* (Ein Lehr-, Lust-, Sach- und Fach-Buch, 1989) - *Hört, Hört!* (Das WimS-Vorlesebuch, zusammen mit Robert Gernhardt, 1989) - Illustrationen zu Werken von Eckhard Henscheid, Johann Peter Hebel, Michael Rutschky, Walter Serner und zur *Galerie der kleinen Dinge* (1988). – Außerdem regelmäßig in Wrt & Bld im Magazin für jede Art von Literatur Der Rabe (seit Nummer 1, 1982).

## DIE TOSCANA-THERAPIE

Schauspiel in 19 Bildern

»Wir sind durchschaut. Robert Gernhardt, der leise Chronist in Bildern und Worten, kennt uns alle. Er weiß vor allem in der sogenannten Szene Bescheid mit den grau gewordenen Alt-68ern und den immer unheimlich spontanen Jungintellektuellen. Gernhardt ist ein witziges Stück gelungen, das manchmal fast Oscar Wilde erreicht.« *Nürnberger Nachrichten*

## ES GIBT KEIN RICHTIGES LEBEN IM VALSCHEN

Humoresken aus unseren Kreisen

»Meist ist das Grundthema dieser kleinen Geschichten gerade der von kritischen Köpfen oft beschworene Unterschied zwischen Anspruch und Wirklichkeit; nur erwischt es diesmal die Progressiven am eigenen Leib. Der Erzähler nimmt sich dabei nicht aus, und nicht zuletzt deshalb hat dieses kleine Buch nichts mit Denunziation, wohl aber viel mit Spaß an Aufklärung zu tun. Ein Vergnügen.« *Wolfgang Steuhl/Stuttgarter Zeitung*

## GERNHARDTS ERZÄHLUNGEN

120 Bildergeschichten

»›Darf man diesen Karikaturisten einen Meister der kleinen Form nennen?‹ fragt die FAZ und bejaht und fehlt: Gernhardt, hier ganz groß in Form, ist nicht Karikaturist, sondern – unter anderem – zeichnender Erzähler.«

*Günther Fässler/Luzerner Neuste Nachrichten*

## HIER SPRICHT DER DICHTER

120 Bildgedichte

»Philosophische Grundfragen zwingt dieser Dichter in sinnfälligste Bilder, schreckt nicht vor entlarvendsten Bekenntnissen zurück, vereinigt zwanglos natürlichste Triebbedürfnisse und seherisches Streben nach Höherem.« *Der Bund, Bern*

## SCHNUFFIS SÄMTLICHE ABENTEUER

136 Bildergeschichten

»Ein kleines Buch, dessen Erscheinen ich klammheimlich schon lange ersehnt hatte. Prächtig und genial doof.« *Live, Stuttgart*

**Die drei Müllerssöhne**
Märchen und Erzählungen

**Franz Kafka verfilmt seinen ›Landarzt‹**
Erzählung

**Frau Killermann greift ein**
Erzählungen und Bagatellen

**Helmut Kohl**
Biographie einer Jugend

**Kleine Trilogie der großen Zerwirrnis**
Beim Fressen beim Fernsehen fällt der Vater dem Kartoffel aus dem Maul / Der Neger (Negerl) / Wir standen an offenen Gräbern

**Maria Schnee**
Eine Idylle

**Roßmann, Roßmann…**
Drei Kafka-Geschichten

**Standardsituationen**
Fußballdramen

**Sudelblätter**
Aufzeichnungen

**TV-Zombies**
Bilder und Charaktere (zusammen mit F.W. Bernstein)

**Wie Max Horkheimer einmal sogar Adorno hereinlegte**
Anekdoten über Fußball, Kritische Theorie, Hegel und Schach

**Was ist eigentlich der Herr Engholm für einer?**
Ausgewählte Satiren und Glossen

**Wir standen an offenen Gräbern**
120 Nachrufe

**Die Wurstzurückgehlasserin**
Sieben Erzählungen

**WOLFGANG HILDESHEIMER**

**Der Drachenthron**
Komödie in drei Akten

**NORBERT JOHANNIMLOH**

**Appelbaumchaussee**
Erzählungen vom Großundstarkwerden

**DAN KAVANAGH**

**Duffy**
Krimi. Deutsch von Willi Winkler

**Vor die Hunde gehen**
Ein Duffy-Krimi. Deutsch von Willi Winkler

**EGBERT KIMM**

**Das Mörderquartett**
Krimi

**HERMANN KINDER**

**Du mußt nur die Laufrichtung ändern**
Erzählungen

**Ins Auge**
Roman

**Kina Kina**
Eine Geschichte

**Die klassische Sau**
Das Handbuch der literarischen Hocherotik. Herausgegeben von Hermann Kinder

**Liebe und Tod**
25 schöne Geschichten von A bis Z

**Der Schleiftrog**
Ein Erziehungs-Roman

**HANNS KNEIFEL**

**Das brennende Labyrinth**
Science-Fiction-Roman

**AXEL MARQUARDT**

**Sämtliche Werke**
Band 1: Die frühe Prosa

**Standbein Spielbein**
Gedichte

**GERHARD MENSCHING**

**Der Bauch der Schönen Schwarzen**
Kriminalroman

**E.T.A. Hoffmanns letzte Erzählung**
Roman

**Die Insel der sprechenden Tiere**
Eine Ferienabenteuergeschichte. Mit sprechenden Bildern von Nikolaus Heidelbach

**Löwe in Aspik**
Ein lustvoller Roman

**Rotkäppchen und der Schwan**
Drei erotische Humoresken

**Die violetten Briefe**
Drei kriminelle Novellen

**KLAUS MODICK**

**Moos**
Die nachgelassenen Blätter des Botanikers Lukas Ohlburg

**WOLF v. NIEBELSCHÜTZ**

**Auch ich in Arkadien**
Respektlose Epistel an die Freunde. Mit einer Nachbemerkung von Ilse v. Niebelschütz und sieben arkadischen Bildern von Irene v. Treskow

**Die Kinder der Finsternis**
Roman

**FLANN O'BRIEN**
**In Schwimmen-zwei-Vögel oder Sweeny auf den Bäumen**
Roman. Vollständig neu übersetzt von Helmut Mennicken und Harry Rowohlt
**Trost und Rat**
Geschichten und Gedanken. Ausgesucht und übersetzt von Harry Rowohlt

**DOROTHY PARKER**
**Close Harmony oder Die liebe Familie**
Stück in drei Akten
**Die Geschlechter**
New Yorker Geschichten
**Eine starke Blondine**
New Yorker Geschichten

**HANS PLESCHINSKI**
**Gabi Lenz**
Werden und Wollen. Ein Dokument
**Der Holzvulkan**
Bericht einer Biographie
**Nach Ägyppten**
Ein moderner Roman
**Pest und Moor**
Ein Nachtlicht

**GERHARD POLT & HANNS CHRISTIAN MÜLLER**
**Der Bürgermeister von Moskau**
Drehbuch mit Fotos
**Da schau her**
Alle alltäglichen Geschichten. Mit Zeichnungen von Reiner Zimnik und vielen Fotos
**Ja mei...**
Neue und umfassende alltägliche Geschichten. Mit Zeichnungen von Volker Kriegel und vielen farbigen Fotos
**man spricht deutsh**
Drehbuch mit Fotos
**Wirtshausgespräche**
Drei längere Stücke. Mit Zeichnungen von Reiner Zimnik

**WALTER E. RICHARTZ**
**Schöne neue Welt der Tiere**
Zweiundfünfzig Tiergeschichten. Mit neunTierbildern vonTatjana Hauptmann
**Vom Äußersten**
Letzte Erzählungen. Mit einer Grabrede von Hans-Jürgen Fröhlich und einer Erinnerung von Uwe Herms

**WERNER RIEGEL**
**...beladen mit Sendung Dichter und armes Schwein**
Herausgegeben von Peter Rühmkorf. Mit Fotos, Dokumenten, Faksimiles

**PETER RÜHMKORF**
**Aus der Fassung**
»Mit den Jahren...Selbst III/88« in allen Zuständen und Vorformen
**Kleine Fleckenkunde**
Lyrische Klecksographie
**Werner Riegel ...beladen mit Sendung Dichter und armes Schwein**
Herausgegeben von Peter Rühmkorf. Mit Fotos, Dokumenten, Faksimiles

**MICHAEL RUTSCHKY**
**Was man zum Leben wissen muß**
Ein Vademecum. Mit 25 Zeichnungen von F.W. Bernstein

**ARNO SCHMIDT**
**Arno Schmidts Wundertüte**
Eine Sammlung fiktiver Briefe
**»Bargfelder Ausgabe«**
Werkgruppe I: Romane, Erzählungen, Gedichte, Juvenilia in vier Bänden
Werkgruppe II: Dialoge in 3 Bänden
**...denn "wallflower" heißt »Goldlack«**
Drei Dialoge
**Deutsches Elend**
13 Erklärungen zur Lage der Nationen
**Eberhard Schlotter - Das zweite Programm**
Zehn Szenen zu einem Triptychon
**»Fiorituren & Pralltriller«**
Randbemerkungen
**Fouqué und einige seiner Zeitgenossen**
Biographischer Versuch
**Julia, oder die Gemälde**
Scenen aus dem Novecento
**Das Leptothe=Herz**
16 Erklärungen zur Lage der Literaturen
**Zweite Zürcher Kassette**
Das essayistische Werk zur deutschen Literatur

**UVE SCHMIDT**
**Die Russen kommen**
Roman

**KARLA SCHNEIDER**
**Der Knabenkrautgarten**
Erzählungen

**MARGIT SCHREINER**
**Die Rosen des Heiligen Benedikt**
Liebesgeschichten

**FRITZ SENN**
**Nichts gegen Joyce**
Joyce versus Nothing. Aufsätze 1959-1983

**CHRISTOF STÄHLIN**
**Der Dandy**
Monologe und Erzählungen. Mit Handzeichnungen von Dorothee v. Harsdorf

**RAINER STEPHAN**
**Der Bayerisch-Österreichische Krieg 1987**
Ein Bericht

**AL STRONG**
**Whisky Weiber Pokerface**
Drei wüste wilde Westernstories

**ACHIM SZYMANSKI**
**Halt durch, Steffi!**
Ein bewegender Schicksalsroman

**HELLA-DORE TIETJEN**
**...und sie verpfuschten mir mein Leben**
Eine Abrechnung

**REINHARD UMBACH**
**Das große Buch der Bauernregeln**
Handreichungen zur Zeit. Mit Bildern von Carsten Hildebrandt

**JOSEPH v.WESTPHALEN**
**Moderne Zeiten I & II**
Blätter zur Pflege der Urteilskraft
**Warum ich Monarchist geworden bin**
Zwei Dutzend Entrüstungen
**Warum ich Terrorist geworden bin**
Ein Pamphlet
**Warum ich trotzdem Seitensprünge mache**
Fünfundzwanzig neue Entrüstungen

**ROR WOLF**
**Hans Waldmanns Abenteuer**
Sämtliche Moritaten von Raoul Tranchirer. Mit Collagen des Verfassers
**Raoul Tranchirers Mitteilungen an Ratlose**
Ein Ratschläger

**UWE WOLFF**
**Der Ewige Deutsche**
Eine Geschichte aus jugendbewegten Zeiten

**HANS WOLLSCHLÄGER**
**Herzgewächse oder Der Fall Adams**
Fragmentarische Biographik in unzufälligen Makulaturblättern. Erstes Buch
**In diesen geistfernen Zeiten**
Konzertante Noten zur Lage der Dichter und Denker für deren Volk
**»Tiere sehen dich an« oder Das Potential Mengele**
Essay
**Von Sternen und Schnuppen**
Bei Gelegenheit einiger Bücher. Rezensionen und Zensuren

**DIETER E. ZIMMER**
**Experimente des Lebens**
Wilde Kinder, Zwillinge, Kibbuzniks und andere aufschlußreiche Wesen
**Redens Arten**
Über Trends und Tollheiten im neudeutschen Sprachgebrauch
**So kommt der Mensch zur Sprache**
Über Spracherwerb, Sprachentstehung, Sprache & Denken

**Gerhard Polt/**
**Hanns Christian Müller**
**DER BÜRGERMEISTER**
**VON MOSKAU**
Drehbuch mit Bildern

**Gerhard Polt/**
**Hanns Christian Müller**
**MAN SPRICHT DEUTSH**
Drehbuch mit Bildern

**Arno Schmidt**
**FOUQUE**
und einige seiner Zeitgenossen

**Karla Schneider**
**DER KNABENKRAUTGARTEN**
Erzählungen

**Margit Schreiner**
**DIE ROSEN DES HEILIGEN**
**BENEDIKT**
Liebesgeschichten

**Joseph v. Westphalen**
**MODERNE ZEITEN -**
**Blätter zur Pflege**
**der Urteilskraft**
1. Folge

**Joseph v. Westphalen**
**MODERNE ZEITEN -**
**Blätter zur Pflege der Urteilskraft**
2. Folge

**Joseph v. Westphalen**
**WARUM ICH MONARCHIST**
**GEWORDEN BIN**
Zwei Dutzend Entrüstungen

**Hans Wollschläger**
**IN DIESEN**
**GEISTFERNEN ZEITEN**
Konzertante Noten zur Lage
der Dichter und Denker

**Hans Wollschläger**
**»TIERE SEHEN DICH AN« ODER**
**DAS POTENTIAL MENGELE**
Essay

**Dieter E. Zimmer**
**SO KOMMT DER MENSCH ZUR**
**SPRACHE**
Ergebnisse der Sprachforschung

**Dieter E. Zimmer**
**REDENS ARTEN**
Neudeutscher Sprachgebrauch

# Der Rabe

Magazin für jede Art von Literatur –
üppig bebilderte Taschenbücher,
herausgegeben von Gerd Haffmans, Umschlagzeichnungen
von Friedrich Karl Waechter, F.W. Bernstein und Volker Kriegel

1 **Der Erste Rabe**
vergriffen
2 **Der 20er-Jahre Rabe**
vergriffen
3 **Der erste Ferien-Rabe**
vergriffen
4 **Der Neue-deutsche-Literatur-Rabe**
vergriffen
5 **Der philosophische Rabe**
vergriffen
6 **Der Lust-Rabe**
vergriffen
7 **Der zweite Ferien-Rabe**
herausgegeben von Thomas Bodmer, vergriffen
8 **Der neue Neue-deutsche Literatur-Rabe**
9 **Der klassische Rabe**
10 **Der Brief-Rabe**
11 **Der Reise-Rabe**
12 **Der Arno-Schmidt-Rabe**
herausgegeben von Jan Philipp Reemtsma und Bernd Rauschenbach
13 **Der Glücks-Rabe**
vergriffen
14 **Der Musik-Rabe**
herausgegeben von Thomas Bodmer, vergriffen
15 **Der dekadente Rabe**
16 **Der antike Rabe**
17 **Der postmoderne Rabe**
18 **Der kulinarische Rabe**
herausgegeben von Vincent Klink, Stephan Opitz und Joseph v. Westphalen
19 **Der Schopenhauer-Rabe**
20 **Der Kino-Rabe**
21 **Der Eifersuchts-, Ehebruch- und Leidenschafts-Rabe**
vergriffen
22 **Der politische Rabe**
23 **Der historische Rabe**
24 **Der Rausch-Rabe**
herauschgegeben von Bernd Rauschenbach
25 **Der Weiber-Rabe**
herausgegeben von Elsemarie Maletzke
26 **Der Kinder-Rabe**
herausgegeben von Nikolaus Heidelbach

500 **Der Jubel-Rabe**
vergriffen